自分で学
がつく

テスト 練習 計画 分析

ケテぶれ学習法

漢字練習 小学5年生

5年生で習う193字をマスター

著 葛原祥太　イラスト・漫画 雛川まつり

"KETEBURE" Learning Method
KANJIRENSYU

KADOKAWA

けテぶれのやり方

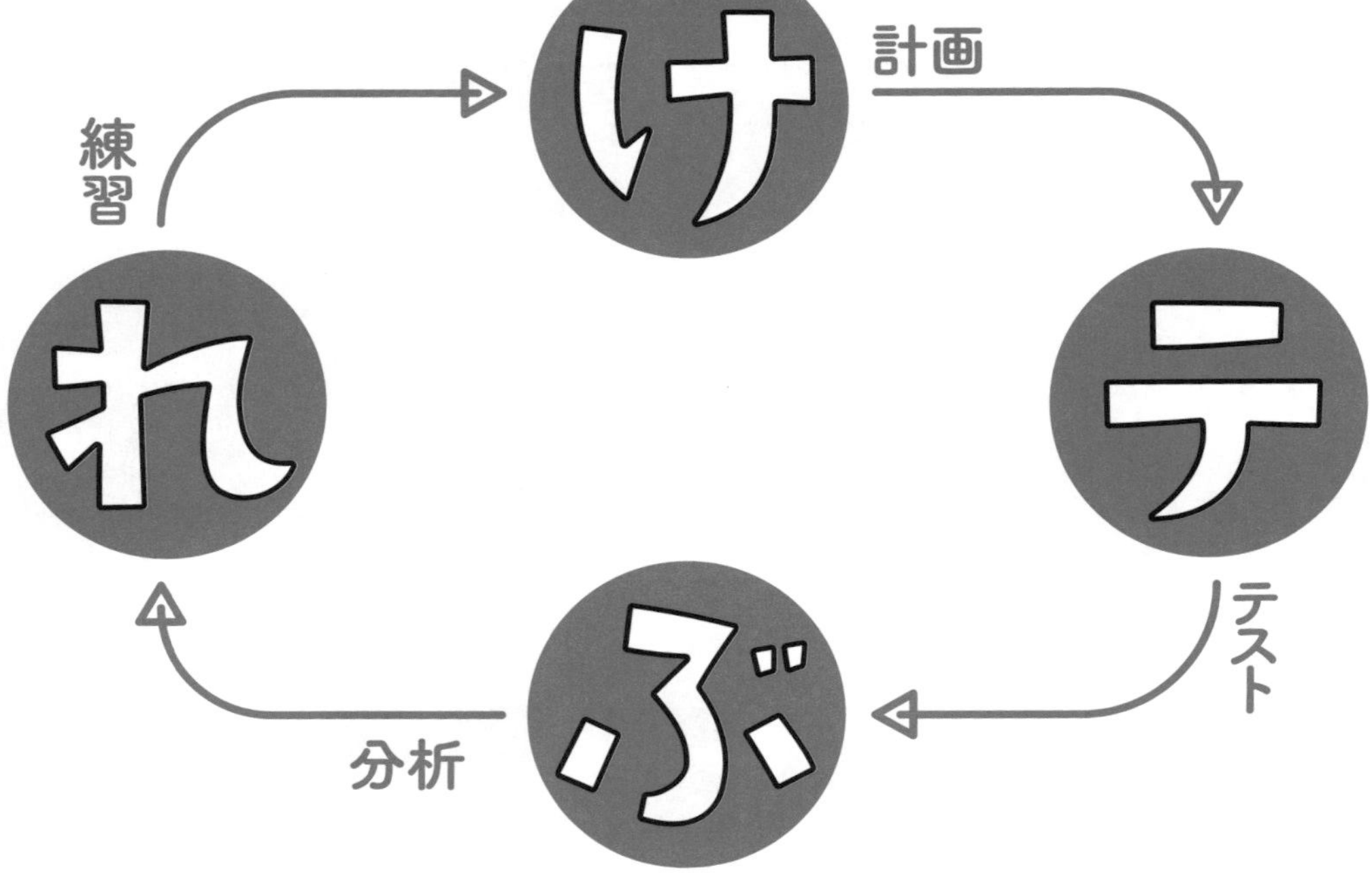

計画　自分の現状をふまえ、その日やることを書く

○○だから□□をする！　という書き方がよい
今日は本気でがんばる！　という気持ちを書くのも OK

↓

テスト　今の実力を確認する

できるだけ本番と同じ環境を作って、本気で取り組む
答えを見ながら、自分で丸付けもする

↓

分析　よかったこと・わるかったことの理由を考える

くやしい！　やった！
など思ったことをそのまま書くのも OK

↓

練習　実力を高めるための練習をする

頭をやわらかく、目的に応じていろいろな方法を試す

もくじ

けテぶれアニマルズ

子どもたちに勉強の楽しさを教えるために旅をしている。
けいかクジラ、テストラ、ぶんせキリン、れんしゅウシがメインメンバー

けいかクジラ

けテぶれの「計画」の
アドバイスをしてくれる。
頼れるお姉さん

テストラ

けテぶれの「テスト」を
教えてくれる。自分に厳しい。
本気になることが大好き

ぶんせキリン

けテぶれの「分析」において、
あらゆる視点から
考えることが大切と説く

れんしゅウシ

けテぶれの「練習」では、
質と量の視点などを教えてくれる。
やさしいお母さん

この本の特長と使い方

漢字学習ページの流れ

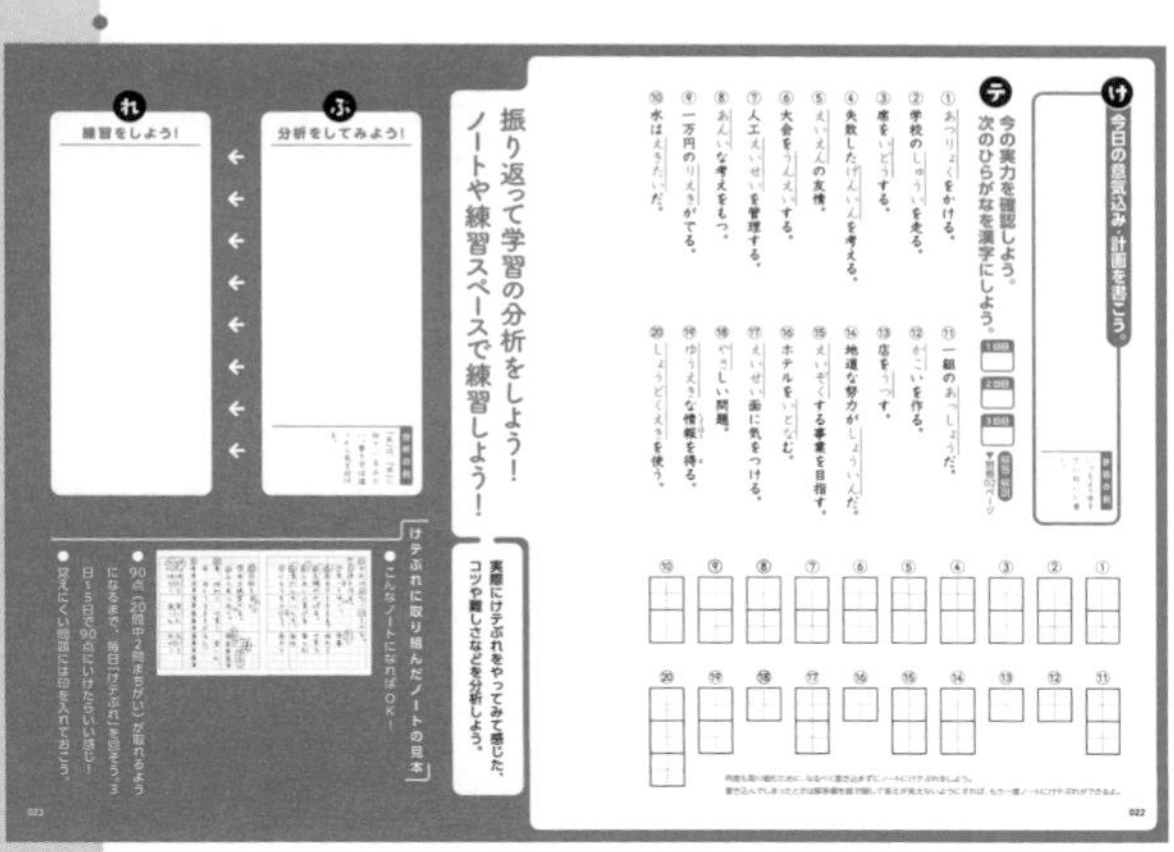

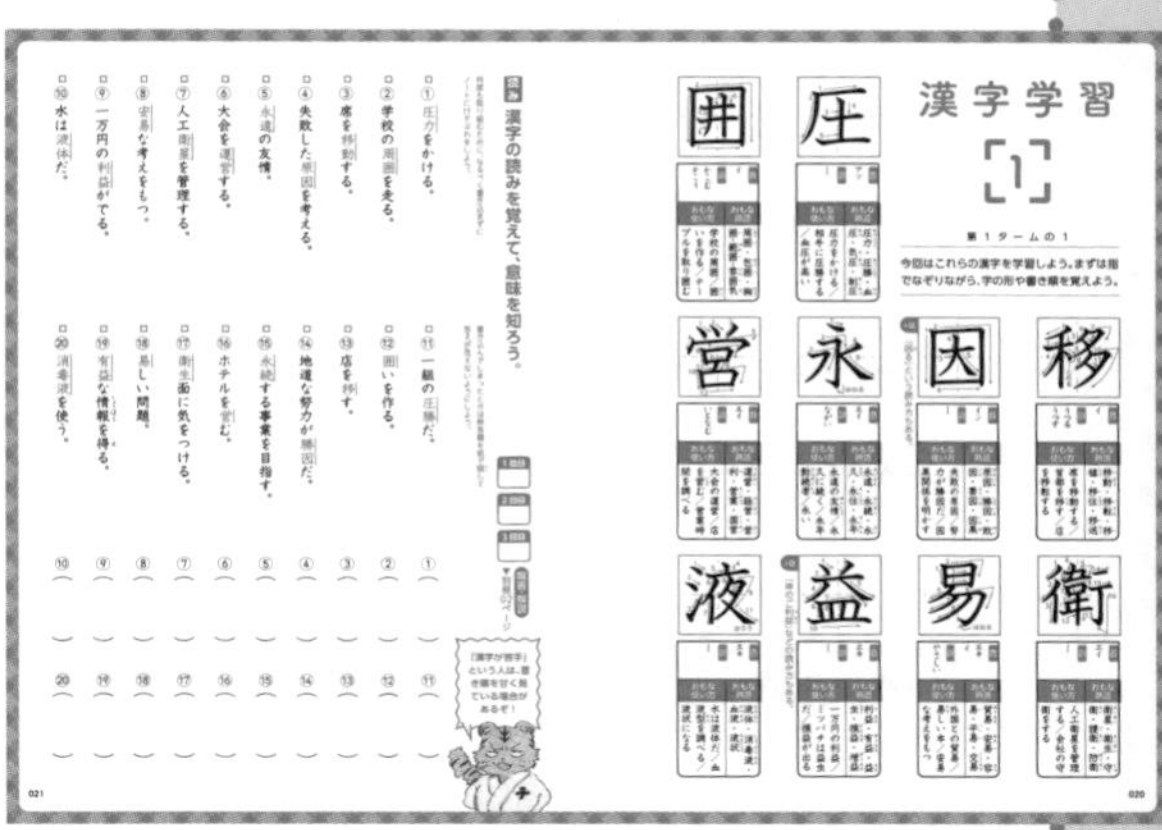

漢字学習は、「けテぶれの準備」2p（右側）と「けテぶれの実践」2p（左側）を繰り返していきます。準備では「読み」を、実践では「書き」を学びます。同じ問題を「読み」「書き」の両方で学習することで、10文字程度ずつ、マスターしていきます。4p目は振り返りで、この4pの学習の分析や練習をします。「実践」については、P12～15で詳しく説明しています。

この本の流れ

第1章 けテぶれの導入
- 漫画5p
- 学習の仕方4p

けテぶれ学習についてお伝えします。なぜけテぶれを回して学習をしていくべきなのかを説明します。

第2章 漢字学習
- 漢字学習（1）4p
- 漢字学習（2）4p
- 漢字学習（3）4p
- 漢字学習（4）4p
- 漢字学習（5）4p
- まとめのテスト2p
- 振り返り2p

漢字学習の部分では、4pを1セットで学習し、5セットごとにテストと振り返りをします。この5セットはタームと呼んでいます。4タームの学習（10文字程度×20セット）をすることで、5年生の漢字193字をすべて学習します。まとめのテスト（タームテスト）では、5セットで学んだ問題を復習します。同じ問題に取り組むことで、ちゃんと学べているかを確認します。振り返り（大分析・大計画）では、1つのターム（50文字）の学習を踏まえた大きな視点での振り返りをしましょう。漢字学習は、「けテぶれの準備」2p（右側）と「けテぶれの実践」2p（左側）を繰り返していきます。10文字程度ずつ、しっかり学習をしていきましょう。P12～15で詳しく説明しています。

第3章 総復習テスト
- ウルトラテスト（1）
- ウルトラテスト（2）
- ウルトラテスト（3）
- ウルトラテスト（4）
- 自分の勉強法の振り返り

総復習テストで、4つのタームで学んだ漢字をテストします。ここまでに学んだ漢字がランダムに出題されるので、本当に身についているかを確認しましょう。

特典のダウンロード方法

本書をご購入いただいた方への特典として、

✓ **解き直しPDFデータ**

を無料でダウンロードいただけます。
記載されている注意事項をよくお読みになり、
ダウンロードページへお進みください。

https://www.kadokawa.co.jp/product/322207001330/

[ユーザー名] keteburekanji5

[パスワード] animals5+

上記のURLへアクセスいただくと、データを無料ダウンロードできます。「ダウンロードはこちら」という一文をクリックして、ユーザー名とパスワードをご入力のうえダウンロードし、ご利用ください。

●パソコンからのダウンロードを推奨します。携帯電話・スマートフォンからのダウンロードはできません。

●ダウンロードページへのアクセスがうまくいかない場合は、お使いのブラウザが最新であるかどうかご確認ください。また、ダウンロードする前に、パソコンに十分な空き容量があることをご確認ください。

●フォルダは圧縮されていますので、解凍したうえでご利用ください。

●なお、本サービスは予告なく終了する場合がございます。あらかじめご了承ください。

第1章

けテぶれって何？

"KETEBURE" Learning Method

KANJIRENSYU

1 人は「やらされる」ことが大嫌い

人はなにかを**「やらされる」**ことが大嫌いです。上のマンガのような環境《かんきょう》だと、好きなゲームだったとしても、確実にゲームが嫌いになりますね。

食べ物でも同じです。みなさん、自分が大好きな食べ物を思い浮かべてください。思い出すだけで笑顔になってしまうような美味しい食べ物です。頭に出てきましたか？**「食べたいだけ食べていい」**と言われたらうれしいでしょうが、**「ここまで必ず食べなさい」**と言われたら、いやになりますよね。そもそも、**「食べきれない」**こともありますよね。

学び、成長、変化は、自分の経験を振り返ることから得られるものが強いです。大切なのは**「自分の経験」**を振り返ること。自分で選んで、自分でやるから、自分の経験となります。先生やおうちの方にやらされたら、それはあくまでも**「先生の経験」「おうちの方の経験」**であって、みなさん自身の経験にはなりません。

「自分で考えて、自分でやる」

これが学習では大事です。この本では、**「自分でやる勉強」**のやり方をお伝えしていきます。

2 あれ、いまみんなは「勉強」をこんな環境でやらされてない？

学校の勉強、塾《じゅく》の宿題…毎日やらなければならない勉強がいっぱいありますよね。

「好きなようにできない」

ならば、そりゃ「勉強」が嫌いになりますよね。上のマンガのように、**「できるのにやらせてくれない」「教えた方法しか許してくれない」**といった場合、やる気がなくなりますよね。細かく管理されるのも同様です。

この本では、**「自分で考えて、自分でやる」**ことを大事にしていきます。

でも、はじめから「なんでもいいから自分で勉強してごらん」と言われても、どうすればいいかわかりませんよね。海に入った瞬間《しゅんかん》に泳げる子なんていないのと同じように、はじめから上手に勉強できる子なんていないのです。

みんな「泳ぎ方の基本」を教えてもらって、泳げるようになっている。実は、勉強にもそういう**「基本的な勉強のやり方」**があるのです。

それが**「けテぶれ」**です。

3 自分の思い通り、誰にも縛《しば》られずに、自由に勉強できればどうだろう？

この本では、5年生の漢字を4つのタームに分けて学習していきます。**10文字を1回として、5回が1つのセット**（1つのターム）です。5年生で習う漢字は193字なので、約200字を、20回のセットで学んでいく形になっています。セットは前半の**「けテぶれの準備」**と後半の**「けテぶれの実践」**からなっています。4pで「漢字のことを知り、けテぶれサイクルを回して、マスターする」ことができます。

10字×5回の計50字の学習を進めていくと、**中ボス**である**「タームテスト」**があります（P40のようなもの）。この「タームテスト」では、「セット」で学習した問題がランダムになっています。**「同じ問題をいろいろな形で徹底的にやる」**ことで、漢字をマスターしましょう。

4つのタームがおわると、最後は**ラスボス**の**「ウルトラテスト」**です（P118のようなもの）。「ウルトラテスト」は、それまでの「タームテスト」で出た問題がさらにランダムになっています。この**「大テスト」**で、5年生の漢字を仕上げましょう。**自然と「けテぶれ」の学習サイクルが身に付く**ようになっています。P12～15のけテぶれの実践の説明を読んでから、この本を攻略していってください。

4 自分でやる勉強はおもしろい

この本では、学習は「ノート」にやることを強くおすすめしています。**直接書き込んでしまうと一度しか学習ができないこと**に加えて、もう1つ大きな理由があります。

この本が伝えたいのは、**「自分でやり方を考えて、結果を出していくという勉強は面白い」**ということです。ですが、この本に書き込んで勉強するだけでは、この本が決めた流れでしか勉強ができません。「ノート」ならば、もっと自由に、もっと自分の思った通りの方法で勉強を進められます。これが、この本でノートを使うことをすすめる最大の理由です。**「自由に、思い通りの勉強をする」ためには**、**「勉強の基本」をしっかりと身に付けている必要**があります。この本ではこれを「けテぶれ」と表現して、たくさん練習しながら、徐々《じょじょ》に自分の勉強を自分の思い通りに動かせるようになっていきます。

もし、この本で「けテぶれ」に取り組む中で、もっと自分の学習をパワーアップさせたい!と思えた人は、**『マンガでわかる　けテぶれ学習法』**という本も読んでみてください。

5 じゃあ、勉強ってどうやって進めればいいの？

け 今日の意気込み・計画を書こう。

計画の例
いつもより字をていねいに書く。

けテぶれの実践では、まず「計画」を立ててね！自分なりの「計画」でいいのよ！

テ 今の実力を確認しよう。次のひらがなを漢字にしよう。

1回目
2回目
3回目

▼解答・解説 別冊02ページ

① あつりょくをかける。
② 学校のしゅういを走る。
③ 席をいどうする。
④ 失敗したげんいんを考える。
⑤ えいえんの友情。
⑥ 大会をうんえいする。
⑦ 人工えいせいを管理する。
⑧ あんいな考えをもつ。
⑨ 一万円のりえきがでる。
⑩ 水はえきたいだ。
⑪ 一組のあっしょうだ。
⑫ かこいを作る。
⑬ 店をうつす。
⑭ 地道な努力がしょういんだ。
⑮ えいぞくする事業を目指す。
⑯ ホテルをいとなむ。
⑰ えいせい面に気をつける。
⑱ やさしい問題。
⑲ ゆうえきな情報《じょうほう》を得《え》る。
⑳ しょうどくえきを使う。

① ② ③ ④ ⑤ ⑥ ⑦ ⑧ ⑨ ⑩

⑪ ⑫ ⑬ ⑭ ⑮ ⑯ ⑰ ⑱ ⑲ ⑳

何度も取り組むために、なるべく書き込まずにノートに
書き込んでしまったときは解答欄を紙で隠して答えが

10文字の漢字について、各2問の問題があるぞ。「自分にきびしく丸付け」をして、間違《まちが》うことは何もはずかしくないぞ。間違えれば、分析、練習。そうすれば前に進める。これがけテぶれじゃ！

振り返って学習の分析をしよう！ノートや練習スペースで練習しよう！

実際にけテぶれをやってみて感じた、コツや難しさなどを分析しよう。

ぶ　分析をしてみよう！

分析の例

「永」は、「水」に似ているみたい。書き方は違うから気を付ける。

れ　練習をしよう！

けテぶれに取り組んだノートの見本

● こんなノートになればOK！

● 90点（20問中2問まちがい）が取れるようになるまで、毎日「けテぶれ」を回そう。3日～5日で90点にいけたらいい感じ！

● 間違えた問題には印を入れておこう。

「テスト」の結果を「分析《ぶんせき》」しましょう。この本の、「解答・解説」の冊子には、「間違いが起きやすい丸付けのポイント」がたくさん載《の》っています。ポイントを参考にして分析してもいいですね。

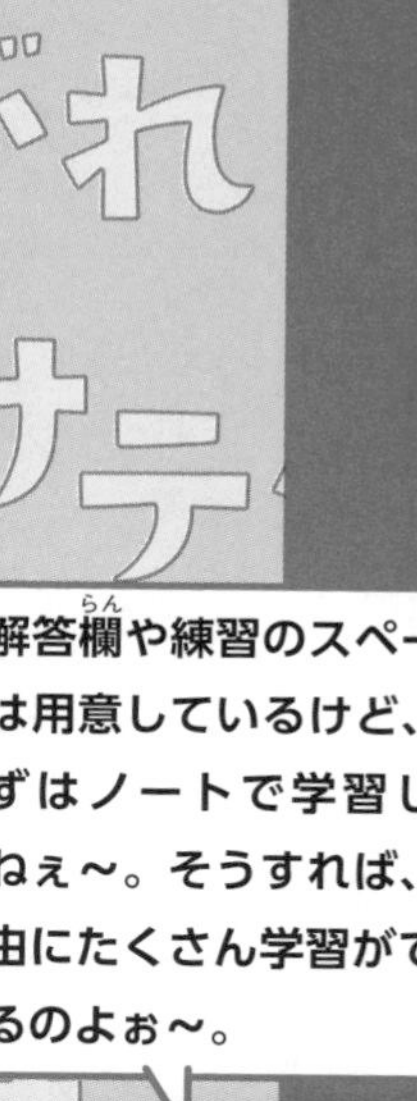

解答欄《らん》や練習のスペースは用意しているけど、まずはノートで学習してねぇ～。そうすれば、自由にたくさん学習ができるのよぉ～。

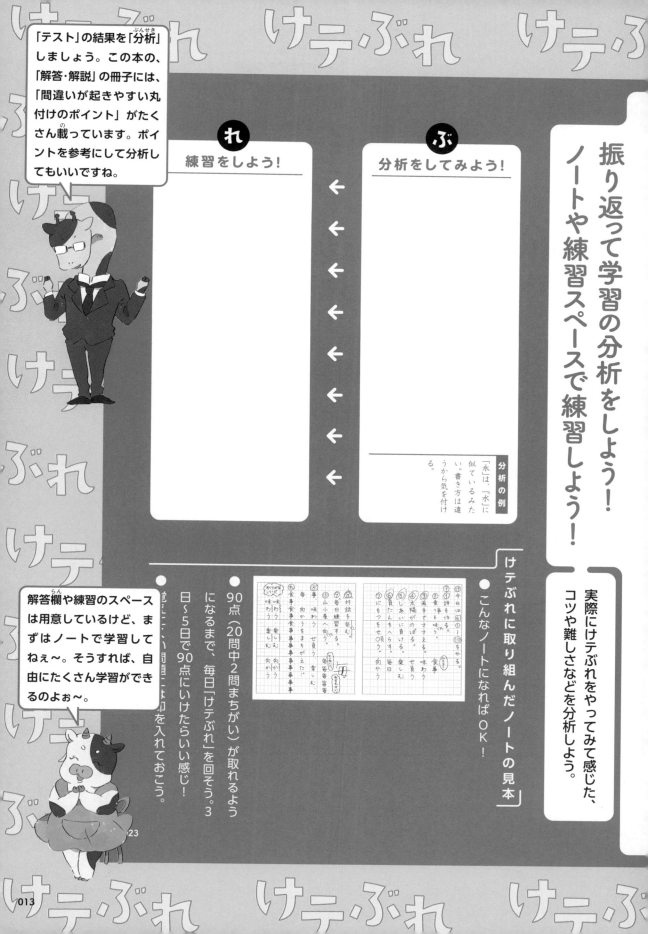

その日学習する場所や、
意気込みを書いてみましょう！

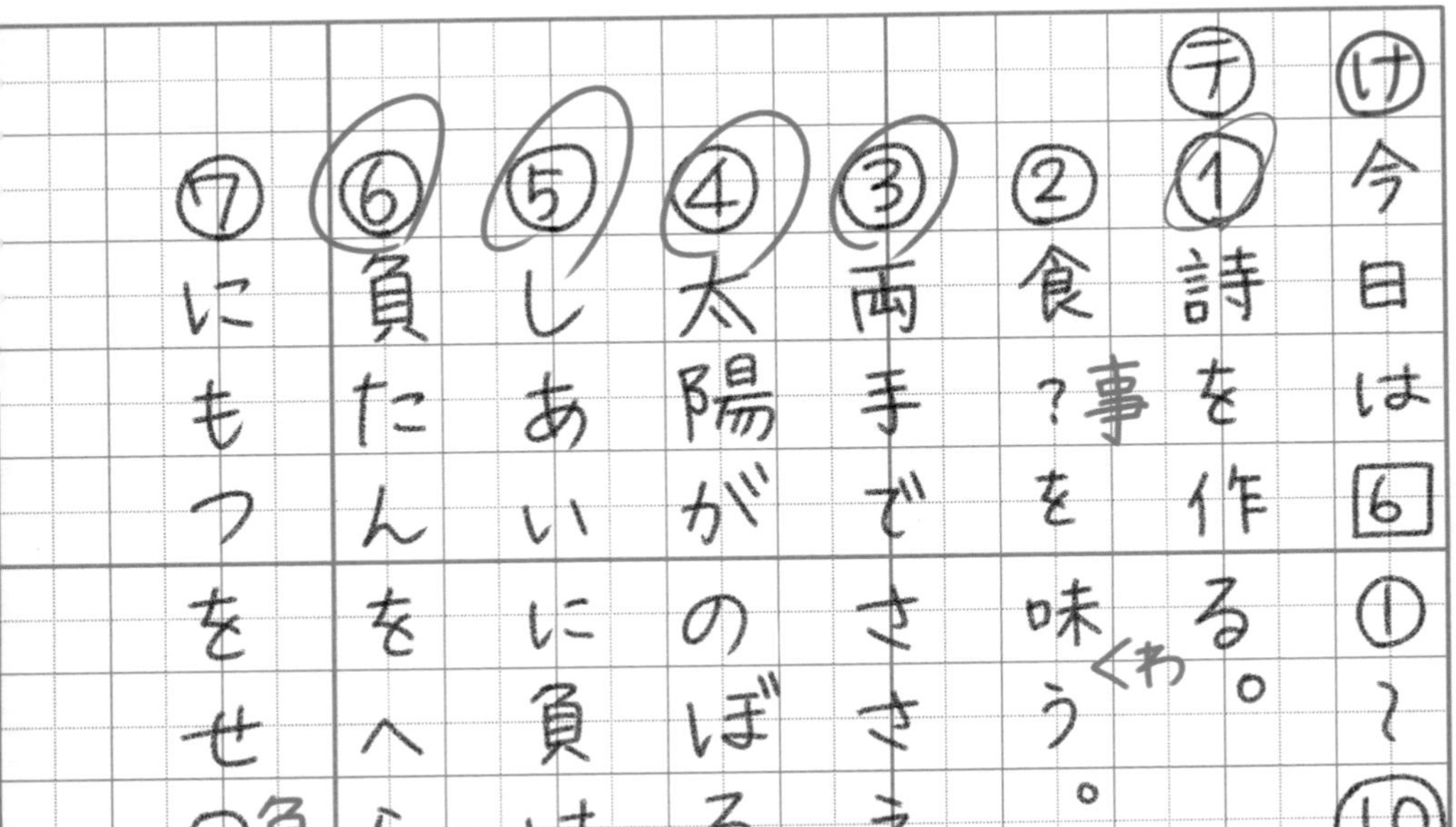
け 今日は6 ①〜⑩をやる。
テ ① 詩を作る。
② 食?を味う。
事
くわ
③ 両手でささえる。
④ 太陽がのぼる。
⑤ しあいに負ける。
⑥ 負たんをへらす。
⑦ にもつをせ○う。
負
小テスト
食事
味わう
せ負う
楽しむ
毎日
向かう

「テスト」の丸付けはきびしくじゃ。「味わう」の「わ」の抜けなど、やりがちなミスもしっかり受け止めるのじゃ。漢字のとめはねはらい、字の形などもちゃんと丸付けするのじゃぞ。

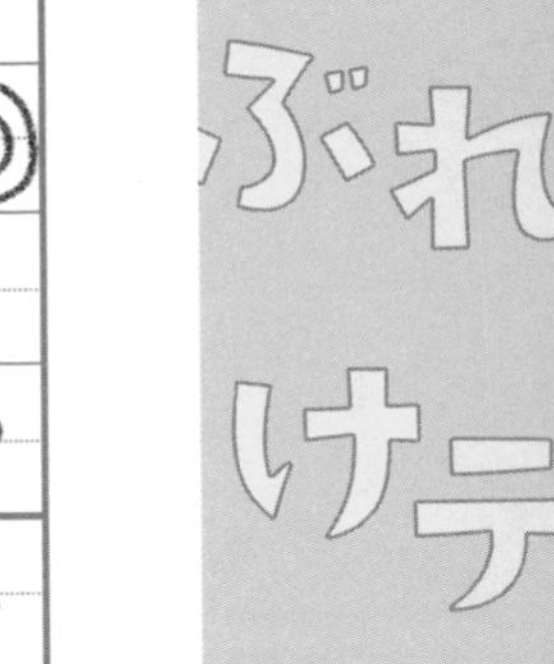

「味わう」「毎」の間違いなどを「分析」していますね。「ていねいに」という今後に向けた目標もいいですね。

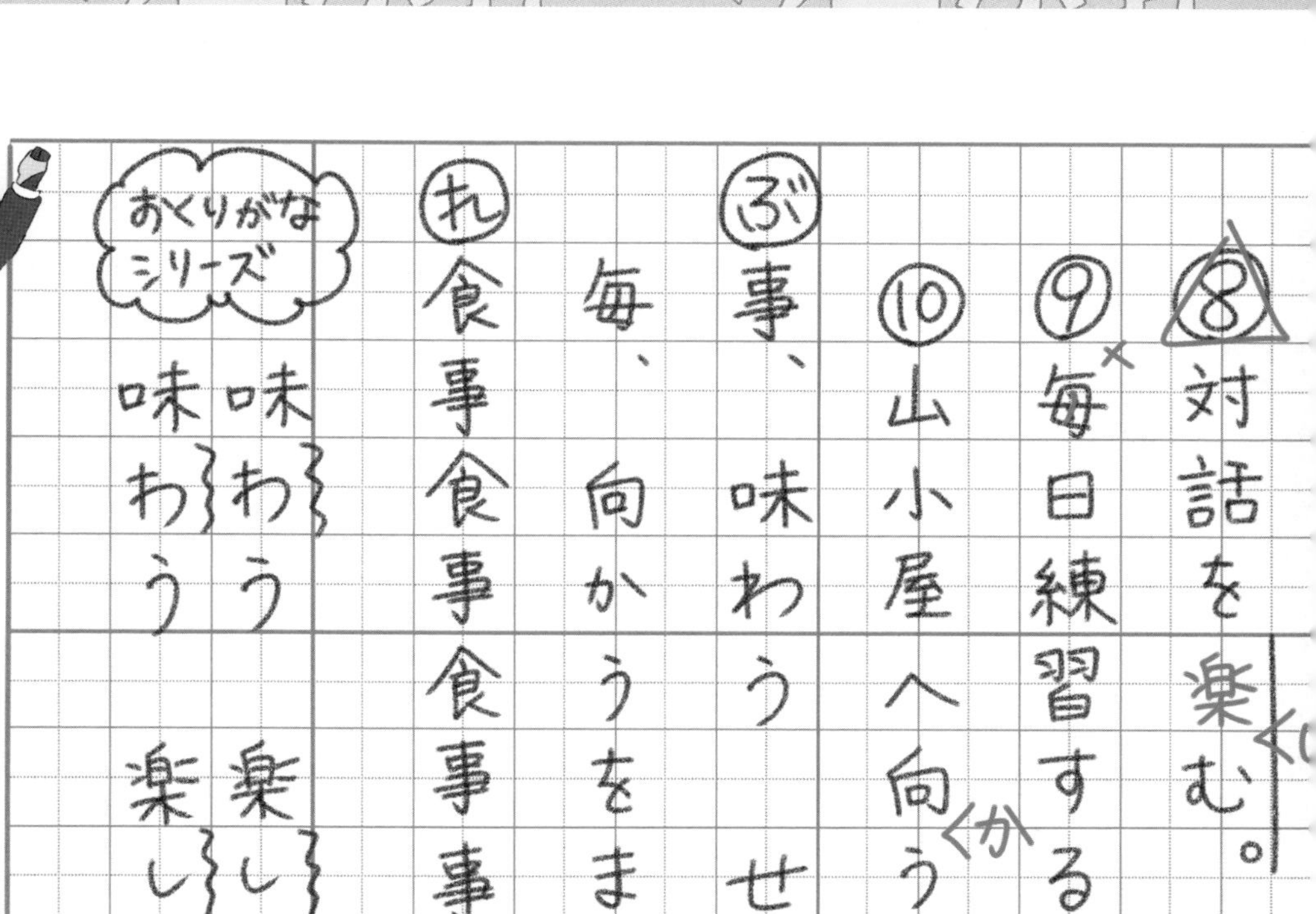

⑧対話を楽しむ。
⑨毎日練習する。
⑩山小屋へ向う。
かう
毎毎毎毎毎
ていねいに!
毎
わすれない!
ぶ
事、味わう 世負う、楽しむ、
毎、向かうをまちがえた。
れ
食事食事食事事事事事事事事事
おくりがなシリーズ
味わう 味わう
楽しむ 楽しむ
向かう

「食事」を何度も「練習」していますねぇ～。ノートだといっぱい練習できていいわねぇ～。「おくりがな」の間違いがあったから、「おくりがなシリーズ」を集中的に練習しているのもよいわぁ～。

6 レベルアップするのは「自分自身」 自分で自分のレベルを上げる力（＝学習力）をつけよう

レベルアップするのはゲームのキャラクター
でもレベルアップするのは自分自身なんだ
ゲームと考えたときに
「自分」は一生使うプレイヤーキャラ
レベルアップ
そして好きにレベルアップできる
ただ、ゲームでもレベルアップには経験値が必要
モンスターをたおす
同じように僕たちもレベルアップするにはたくさん経験値を積まないと
運動
ふれあい
勉強
どんなゲームになるかどんな方法でクリアするか…あなた次第だよ

ゲームでレベルアップするのは、ゲームのキャラクターですが、勉強でレベルアップするのは**「自分自身」**ですね。自分は、人生というゲームをプレイするにあたって、**一生使うキャラクター**です。ここがゲームとは違いますね。

この本で扱う「漢字」の領域《りょういき》でも、一度レベルアップさせてしまえば、その能力を一生使えます。漢字能力もレベルアップを重ねれば、読書や作文に活かせるし、漢字学習で使える言葉の数を増やせば、それは**「ものを考える力」**までアップさせるでしょう。

さらにこの本を使って勉強を進めれば、**「自分で勉強する力」**がつきます。つまり、**自分で自分のレベルを上げることができる**、ということです。学ぼうと思えばいくらでも学べる世界で、自分で学べるという能力は**最強**です。

ただし、これには練習が必要です。お手軽ではありません。歩けるようになる、泳げるようになる、自転車に乗れるようになる、何かができるようになるためには、たくさんの練習が必要ですよね。この本では、この練習の仕方も伝えていきます。

サポーターの方へ

FOR SUPPORTERS

この本は、5年生の漢字をマスターするというゴールに向かって、子どもが自分で学習を進められるように構成しています。その過程で、勉強の基礎とコツを紹介していき、自分で勉強をするために大切な知識と技能を養うことを目的にしています。

そこでまず大切なのが子どもたちが**「勉強って楽しい！」**ということを〝思い出す〟ことです。

小さい子どもたちはいつも好奇心でいっぱいで、あらゆることに疑問を持ち、学ぶことと遊ぶことの境目がわからないほどになんにでも学びの眼差しを向けます。しかし、小学校に入る頃からその目の輝きは失われ、小学校を卒業するころには、口を揃えて「勉強が楽しくない」と言うようになってしまいます。これはなぜなのでしょうか。

僕には前のページでも紹介したとおり、「やらされる」のか「自分でやる」のか、という違いがあるように思えてなりません。**人間は「やらされる」ことが大嫌い**なのです。「食べること」が大好きな子も、毎日毎日、先生が言った通りの食べ方で、先生が用意したものを問答無用で食べさせられ、少しでも食べ方を間違えれば注意され、クラスの中で上手に食べられることを比較されれば、食べることが嫌いになっていきますよね。今の学校の仕組みは残念ながら、こういう側面があります。

「けテぶれ」は学校のこういう側面を少しでも変えることができないか、と考え、編み出された実践です。そしてこの手法はいま全国の小・中学校に急速に広がっています。それだけ多くの教育現場で効果を発揮しているということです。この本は子どもがその手法を、漢字の学習を通して体験し、少しずつ身に付けていけるような構成になっています。

しかしそれは、「けテぶれ」という学び方を教えれば、子どもたちに魔法がかかったかのようにみるみる自分で学び始める、といったことでは決してありません。何かができるようになるためには、たくさんの練習が必要です。

歩くこと、しゃべること、自転車に乗ること、泳ぐこと。子どもたちはいつもたくさんの練習の末に、それらができるようになってきました。「学ぶこと」も同じです。この本はその**「学べるようになるための練習」ができるような問題集**なのです。

さらにそこには**「サポーター」の存在がとても大切**です。自転車（という移動の手段）を買い与えたのなら、親はその練習に付き合いますよね。同じように、けテぶれ（という学習の手段）を子どもに手渡すのなら、その練習に少しでもいいので、付き添ってあげてほしいのです。

それはなにも専門的に「学び方」について指導する必要がある、というわけではありません。ただ、子どもたちのやったことに興味を持ち、ときに驚き、ときに喜び、見守ってあげてほしい、ということです。人は「やらされる」ことが嫌い。この原則に照らすと、指導や指示で子どもたちをコントロールしようとすることは、むしろ逆効果になることもあります。

徹底的に驚き喜ぶ役に徹する。そういうことができるように、子どもたちのチャレンジや、学習進度、学習の姿に興味を持つ。「それって、こういう意図でやってる？」「あれ、なんか今日、字が綺麗だね！」「なるほど！　最近こういう工夫をしているから、勉強が楽しそうなんだね！」と。

もちろんうまくリズムに乗れない場合もあるでしょう。「けテぶれ」は、継続がとても難しいです。そういうときは「ご褒美」を活用することも大いにアリです。子どもたちが、「やってみる」ことさえしてくれれば、そこに興味を持ち、言葉をかけることができます。（より詳しく子どもたちをサポートしたいときは、『マンガでわかる　けテぶれ学習法』を読んでくださいね）

僕はよくけテぶれの話をするときに**「子どもたちを学びの海に下ろす」**というたとえ話をします。

いつまでも「みんな同じ内容、同じ方法」という船に乗っていては「自分で泳ぐ力」はいつまで経っても身に付きません。かといって、今まで船に乗っていた子をいきなり海に下ろせば、溺れてしまいます。**だから、最低限の泳ぎ方（けテぶれ）を伝える。**

そんな話です。「あれはだめ、これをやれ」という雁字搦めの環境では、学びのエネルギーは出どころを失って、やがて自分にそんなエネルギーがあったことすら忘れてしまいます。だからこそ、彼らに**「学ぶこと」を任せてあげるのです。**彼らを思うように学ばせてあげてください。さまざまなチャレンジを繰り返し、自分ができていること、できていないことを理解する中でこそ、**彼らは成長させるべき対象である「自分自身」に出会うことができます。**

真の成長はここからしか始まりません。仮面をかぶって、仮面の模様をいくら器用に変えていっても、**「自分自身」と向き合わない限りは真の成長なんてないのです。**そんな彼らのトライアンドエラーの価値を心から認め、ちょっとやりすぎなほどに驚いてください。自分自身と向き合い、チャレンジを繰り返しながら一歩一歩、自分で決めて、**自分で歩くことは、漢字の学習だけでなく、彼らの人生において大きな価値があることですから。**

子どもたちのエネルギーを信じること、学ぶことを任せること、試行錯誤する姿を認めること。**「信じて、任せて、認める」**ことで初めて、子どもたちの内側に眠る学びに向かうエネルギーは光を放ち始めます。そこからです。そこからしか、始まらないのです。そういう環境をぜひ用意してあげてください。

たくさんお願いをしました。なぜなら、**子どもたちが自立した学習者へと成長するには大人のサポートが必要だからです。**けテぶれ本を買えば子どもたちは自ら学ぶようになるなんて、甘いことは一切ありません。「けテぶれ」というコトバを知ることで、自分でできることは増えるでしょう。学ぶことにワクワクできることもあるでしょう。

しかし、その学びが行き詰まった時、サポートしてあげられるのは子どもたちを目の前にしている「あなた」しかいないのです。

自立した学習者になるという目的は、子ども一人で立ち向かうにはあまりにも遠く、あまりにも大きい。**だからこそ徹底的に子どもたちの学ぶ姿を見て、サポートしてあげる必要があるのです。**子どもたちとともに、「自立した学習者」に向かう学びの海での冒険を楽しんでください。この本や『マンガでわかる　けテぶれ学習法』には冒険に役立つ情報をまとめています。

子どもたちと一緒に読み、一緒に歩んでください。

第2章

漢字学習

"KETEBURE" Learning Method

KANJIRENSYU

漢字学習【1】

第1ターム の1

今回はこれらの漢字を学習しよう。まずは指でなぞりながら、字の形や書き順を覚えよう。

圧

音 アツ
訓 ー

おもな熟語：圧力《あつりょく》・圧勝《あっしょう》・血圧《けつあつ》・気圧《きあつ》・制圧《せいあつ》

おもな使い方：圧力をかける／相手に圧勝する／血圧が高い

囲

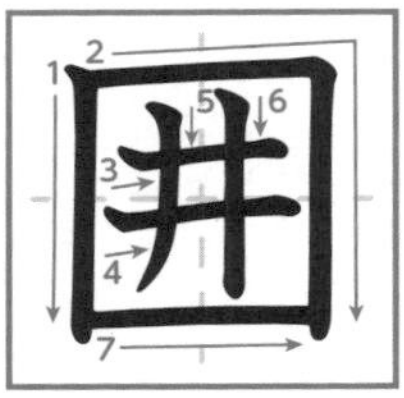

音 イ
訓 かこむ かこう

おもな熟語：周囲《しゅうい》・包囲《ほうい》・胸囲《きょうい》・範囲《はんい》・雰囲気《ふんいき》

おもな使い方：学校の周囲／囲《かこ》いを作る／テーブルを取り囲む

移

音 イ
訓 うつる うつす

おもな熟語：移動《いどう》・移転《いてん》・移植《いしょく》・移住《いじゅう》・移送《いそう》

おもな使い方：席を移動する／首都を移《うつ》す／店を移転する

因

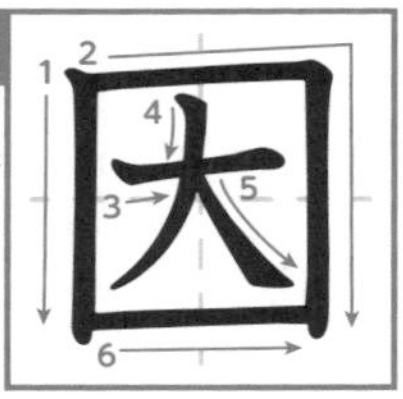

+α 「因《よ》る」という読み方もある。

音 イン
訓 ー

おもな熟語：原因《げんいん》・勝因《しょういん》・敗因《はいいん》・要因《よういん》・因果《いんが》

おもな使い方：失敗の原因／努力が勝因だ／因果関係を明かす

永

音 エイ
訓 ながい

おもな熟語：永遠《えいえん》・永続《えいぞく》・永久《えいきゅう》・永住《えいじゅう》・永年《えいねん》

おもな使い方：永遠の友情《ゆうじょう》／永久に続く／永年勤続者《きんぞくしゃ》／永い

営

音 エイ
訓 いとなむ

おもな熟語：運営《うんえい》・経営《けいえい》・営利《えいり》・営業《えいぎょう》・国営《こくえい》

おもな使い方：大会の運営／店を営《いとな》む／営業時間を調べる

衛

音 エイ
訓 ー

おもな熟語：衛星《えいせい》・衛生《えいせい》・守衛《しゅえい》・護衛《ごえい》・防衛《ぼうえい》

おもな使い方：人工衛星を管理する／会社の守衛をする

易

音 エキ イ
訓 やさしい

おもな熟語：貿易《ぼうえき》・安易《あんい》・容易《ようい》・平易《へいい》・交易《こうえき》

おもな使い方：外国との貿易／易《やさ》しい本／安易な考えをもつ

益

+α 「神のご利益《りやく》」などの読み方もある。

音 エキ
訓 ー

おもな熟語：利益《りえき》・有益《ゆうえき》・益虫《えきちゅう》・損益《そんえき》・増益《ぞうえき》

おもな使い方：一万円の利益／ミツバチは益虫だ／損益が出る

液

音 エキ
訓 ー

おもな熟語：液体《えきたい》・消毒液《しょうどくえき》・血液《けつえき》・液状《えきじょう》

おもな使い方：水は液体だ／血液型《がた》を調べる／液状になる

読み 漢字の読みを覚えて、意味を知ろう。

何度も取り組むために、なるべく書き込まずにノートにけテぶれをしよう。

書き込んでしまったときは解答欄を紙で隠《かく》して答えが見えないようにしよう。

1回目 □　2回目 □　3回目 □

解答・解説 ▼別冊02ページ

□ ① 圧力をかける。
□ ② 学校の周囲を走る。
□ ③ 席を移動する。
□ ④ 失敗した原因を考える。
□ ⑤ 永遠の友情。
□ ⑥ 大会を運営する。
□ ⑦ 人工衛星を管理する。
□ ⑧ 安易な考えをもつ。
□ ⑨ 一万円の利益がでる。
□ ⑩ 水は液体だ。

□ ⑪ 一組の圧勝だ。
□ ⑫ 囲いを作る。
□ ⑬ 店を移す。
□ ⑭ 地道な努力が勝因だ。
□ ⑮ 永続する事業を目指す。
□ ⑯ ホテルを営む。
□ ⑰ 衛生面に気をつける。
□ ⑱ 易しい問題。
□ ⑲ 有益な情報《じょうほう》を得《え》る。
□ ⑳ 消毒液を使う。

①（　）②（　）③（　）④（　）⑤（　）⑥（　）⑦（　）⑧（　）⑨（　）⑩（　）

⑪（　）⑫（　）⑬（　）⑭（　）⑮（　）⑯（　）⑰（　）⑱（　）⑲（　）⑳（　）

「漢字が苦手」という人は、書き順を甘く見ている場合があるぞ！

け 今日の意気込み・計画を書こう。

計画の例
いつもより字をていねいに書く。

テ 今の実力を確認しよう。次のひらがなを漢字にしよう。

1回目
2回目
3回目

解答・解説 ▼別冊02ページ

① あつりょくをかける。
② 学校のしゅういを走る。
③ 席をいどうする。
④ 失敗したげんいんを考える。
⑤ えいえんの友情。
⑥ 大会をうんえいする。
⑦ 人工えいせいを管理する。
⑧ あんいな考えをもつ。
⑨ 一万円のりえきがでる。
⑩ 水はえきたいだ。
⑪ 一組のあっしょうだ。
⑫ かこいを作る。
⑬ 店をうつす。
⑭ 地道な努力がしょういんだ。
⑮ えいぞくする事業を目指す。
⑯ ホテルをいとなむ。
⑰ えいせい面に気をつける。
⑱ やさしい問題。
⑲ ゆうえきな情報《じょうほう》を得《え》る。
⑳ しょうどくえきを使う。

① ② ③ ④ ⑤ ⑥ ⑦ ⑧ ⑨ ⑩

⑪ ⑫ ⑬ ⑭ ⑮ ⑯ ⑰ ⑱ ⑲ ⑳

何度も取り組むために、なるべく書き込まずにノートにけテぶれをしよう。

書き込んでしまったときは解答欄を紙で隠して答えが見えないようにすれば、もう一度ノートにけテぶれができるよ。

振り返って学習の分析をしよう！ノートや練習スペースで練習しよう！

実際にけテぶれをやってみて感じた、コツや難しさなどを分析しよう。

ぶ

分析をしてみよう！

分析の例

「永」は、「水」に似ているみたい。書き方は違うから気を付ける。

れ

練習をしよう！

けテぶれに取り組んだノートの見本

● こんなノートになればOK！

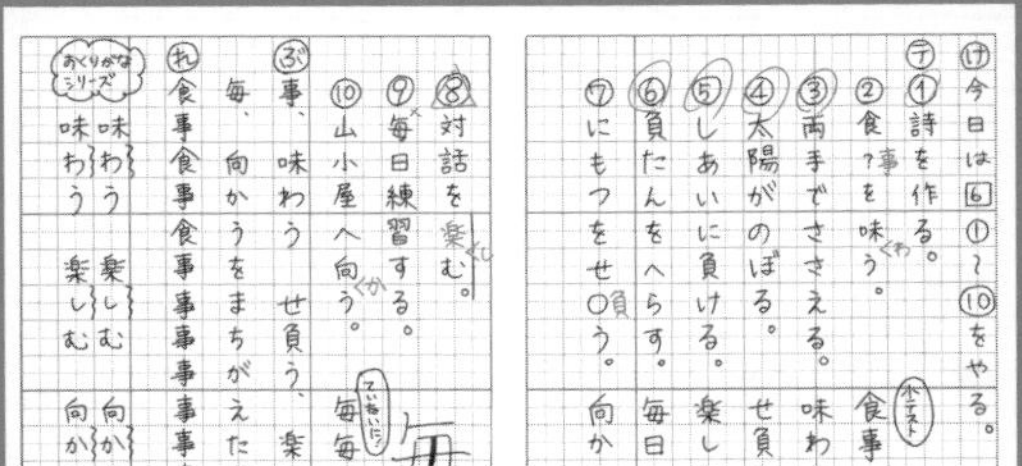

● 90点（20問中2問まちがい）が取れるようになるまで、毎日「けテぶれ」を回そう。3日～5日で90点にいけたらいい感じ！

● 覚えにくい問題には印を入れておこう。

漢字学習「2」

第1タームの2

今回はこれらの漢字を学習しよう。まずは指でなぞりながら、字の形や書き順を覚えよう。

演

音：エン
訓：―

おもな熟語：演出《えんしゅつ》・演説《えんぜつ》・出演《しゅつえん》・演技《えんぎ》・主演《しゅえん》

おもな使い方：主役を演《えん》じる／演説する／ドラマに出演する

応

+α 「ノウ」という読み方もある。「反応《はんのう》」など。

はねる

音：オウ
訓：こたえる

おもな熟語：応答《おうとう》・応対《おうたい》・対応《たいおう》・応用《おうよう》・順応《じゅんのう》

おもな使い方：応答がない／客に応対する／要求に応《こた》える

往

長く

音：オウ
訓：―

おもな熟語：往復《おうふく》・往来《おうらい》・往路《おうろ》・往年《おうねん》・往生《おうじょう》

おもな使い方：道を往復する／往路は山道だ／往年の名作

桜

+α 「オウ」という読み方もある。「桜花《おうか》」など。

音：―
訓：さくら

おもな熟語：桜色《さくらいろ》・夜桜《よざくら》・葉桜《はざくら》・桜前線《さくらぜんせん》

おもな使い方：桜色の着物／夜桜を見る／桜前線が北上する

可

はねる

音：カ
訓：―

おもな熟語：可能《かのう》・可決《かけつ》・不可《ふか》・許可《きょか》・可否《かひ》

おもな使い方：可能性《せい》／提案《ていあん》が可決される／入館は不可です

仮

+α 「ケ」という読み方もある。「仮病《けびょう》」など。

はらう

音：カ
訓：かり

おもな熟語：仮定《かてい》・仮想《かそう》・仮面《かめん》・仮説《かせつ》・仮名《かな》

おもな使い方：仮《かり》の住まい／仮定して考える／仮面をつける

価

+α 「価《あたい》」という読み方もある。

音：カ
訓：―

おもな熟語：価格《かかく》・物価《ぶっか》・安価《あんか》・定価《ていか》・高価《こうか》

おもな使い方：野菜の価格／物価が上がる／定価で買う

河

はねる

音：カ
訓：かわ

おもな熟語：河川《かせん》・河口《かこう》・大河《たいが》・銀河《ぎんが》・氷河《ひょうが》

おもな使い方：河川が氾濫《はんらん》する／大河の流れ／銀河を見る

過

+α 「過《あやま》つ」「過《あやま》ち」という読み方もある。

はねる

音：カ
訓：すぎる　すごす

おもな熟語：過去《かこ》・過失《かしつ》・過度《かど》・経過《けいか》・通過《つうか》

おもな使い方：夏が過《す》ぎた／過去をふり返る／過失による事故《じこ》

快

長く

音：カイ
訓：こころよい

おもな熟語：快方《かいほう》・快適《かいてき》・快活《かいかつ》・不快《ふかい》・快晴《かいせい》

おもな使い方：快方に向かう／快適な部屋／不快な出来事

読み　漢字の読みを覚えて、意味を知ろう。

何度も取り組むために、なるべく書き込まずにノートにけテぶれをしよう。

書き込んでしまったときは解答欄を紙で隠して答えが見えないようにしよう。

1回目　2回目　3回目

解答・解説 ▼別冊04ページ

- □ ① 主役を演じる。
- □ ② 呼《よ》びかけても応答がない。
- □ ③ 往年の名作を読む。
- □ ④ 桜色の着物を着る。
- □ ⑤ 優勝《ゆうしょう》の可能性《せい》。
- □ ⑥ 仮の住まい。
- □ ⑦ 物価が上がる。
- □ ⑧ 河川が氾濫《はんらん》する。
- □ ⑨ 過去をふり返る。
- □ ⑩ 病気が快方に向かう。
- □ ⑪ 路上で演説する。
- □ ⑫ 客に応対する。
- □ ⑬ 道を往復する。
- □ ⑭ 夜桜を見る。
- □ ⑮ 議会で提案《ていあん》が可決される。
- □ ⑯ 仮定して考える。
- □ ⑰ 野菜の価格。
- □ ⑱ 大河の流れ。
- □ ⑲ 今年も夏が過ぎた。
- □ ⑳ すずしくて快適な部屋。

① （　　）
② （　　）
③ （　　）
④ （　　）
⑤ （　　）
⑥ （　　）
⑦ （　　）
⑧ （　　）
⑨ （　　）
⑩ （　　）
⑪ （　　）
⑫ （　　）
⑬ （　　）
⑭ （　　）
⑮ （　　）
⑯ （　　）
⑰ （　　）
⑱ （　　）
⑲ （　　）
⑳ （　　）

読み方を覚えるには、読み方を何度も音読するといいわよ～。

け 今日の意気込み・計画を書こう。

計画の例
とりあえず、やってみてから、練習する。

テ 今の実力を確認しよう。
次のひらがなを漢字にしよう。

1回目
2回目
3回目

解答・解説 ▼別冊04ページ

① 主役をえんじる。
② 呼びかけてもおうとうがない。
③ おうねんの名作を読む。
④ さくらいろの着物を着る。
⑤ 優勝のかのう性《せい》。
⑥ かりの住まい。
⑦ ぶっかが上がる。
⑧ かせんが氾濫《はんらん》する。
⑨ かこをふり返る。
⑩ 病気がかいほうに向かう。
⑪ 路上でえんぜつする。
⑫ 客におうたいする。
⑬ 道をおうふくする。
⑭ よざくらを見る。
⑮ 議会で提案がかけつされる。
⑯ かていして考える。
⑰ 野菜のかかく。
⑱ たいがの流れ。
⑲ 今年も夏がすぎた。
⑳ すずしくてかいてきな部屋。

① ② ③ ④ ⑤ ⑥ ⑦ ⑧ ⑨ ⑩

⑪ ⑫ ⑬ ⑭ ⑮ ⑯ ⑰ ⑱ ⑲ ⑳

何度も取り組むために、なるべく書き込まずにノートにけテぶれをしよう。
書き込んでしまったときは解答欄を紙で隠して答えが見えないようにすれば、もう一度ノートにけテぶれができるよ。

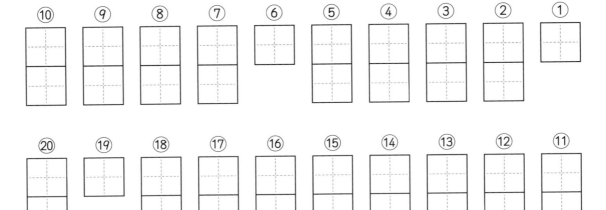

振り返って学習の分析をしよう！ノートや練習スペースで練習しよう！

実際にけテぶれをやってみて感じた、コツや難しさなどを分析しよう。

ぶ 分析をしてみよう！

分析の例
「往」は「住」じゃない。「にんべん」ではなく、「ぎょうにんべん」。点が１つ多い！

れ 練習をしよう！

計画のポイント

- 「計画」は〝できなくてもまずチャレンジ〟という意識を持とう。
- 最終的に100点が取れたらいいのだから、1周目は20点でもいいんだよ！

け 今日は初めてだから、ひとまず今覚えられている字と、そうでない字を分けることを目標にする。
け とりあえずやってみよう！間違えた問題は分析して練習して覚えよう！

漢字学習 ［3］

第１タームの３

今回はこれらの漢字を学習しよう。まずは指でなぞりながら、字の形や書き順を覚えよう。

格

- 音：カク
- 訓：―
- おもな熟語：合格《ごうかく》・人格《じんかく》・規《き》格《かく》・資格《しかく》・格式《かくしき》
- おもな使い方：試験に合格する／優《すぐ》れた人格／格式が高い

+α 「コウ」という読み方もある。「格子《こうし》」など。

解

- 音：カイ
- 訓：とく　とかす　とける
- おもな熟語：理解《りかい》・解散《かいさん》・解《かい》放《ほう》・解体《かいたい》・分解《ぶんかい》
- おもな使い方：問題を解《と》く／駅で解散する／人《ひと》質《じち》を解放する

+α 「ゲ」という読み方もある。「解熱《げねつ》」など。

幹

- 音：カン
- 訓：みき
- おもな熟語：幹線《かんせん》・幹部《かんぶ》・幹《かん》事《じ》・根幹《こんかん》・主幹《しゅかん》
- おもな使い方：幹線道路／幹部候補《こうほ》／木の幹《みき》に登る

刊

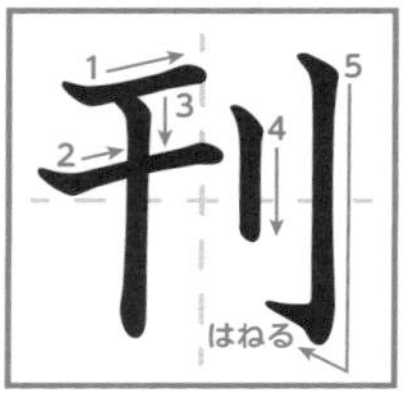

- 音：カン
- 訓：―
- おもな熟語：刊行《かんこう》・新刊《しんかん》・発《はっ》刊《かん》・月刊《げっかん》・増刊《ぞうかん》
- おもな使い方：本を刊行する／新刊が出る／月刊の雑誌《ざっし》

額

- 音：ガク
- 訓：ひたい
- おもな熟語：金額《きんがく》・高額《こうがく》・半《はん》額《がく》・定額《ていがく》・額面《がくめん》
- おもな使い方：金額のまちがい／高額の買い物／額《ひたい》を集める

確

- 音：カク
- 訓：たしか　たしかめる
- おもな熟語：確実《かくじつ》・確信《かくしん》・正《せい》確《かく》・確保《かくほ》・確定《かくてい》
- おもな使い方：確《たし》かめる／確実な方法／勝利を確信する

基

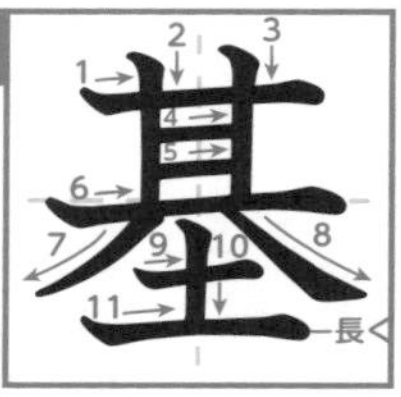

- 音：キ
- 訓：―
- おもな熟語：基本《きほん》・基準《きじゅん》・基《き》地《ち》・基金《ききん》・基点《きてん》
- おもな使い方：基本が大切だ／基準にする／非《ひ》営利《えいり》の基金

+α 「もと」「もとい」という読みもある。「基《もと》づく」など。

紀

- 音：キ
- 訓：―
- おもな熟語：紀行《きこう》・紀元《きげん》・世《せい》紀《き》・風紀《ふうき》・軍紀《ぐんき》
- おもな使い方：紀行文を読む／紀元前百年／世紀の大発見

眼

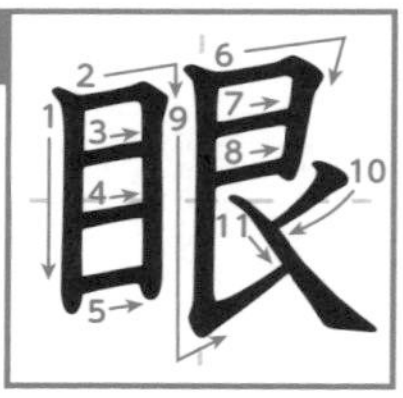

- 音：ガン
- 訓：―
- おもな熟語：眼科《がんか》・眼前《がんぜん》・眼《がん》下《か》・近眼《きんがん》・肉眼《にくがん》
- おもな使い方：眼科に通う／眼前に広がる／近眼で見えにくい

+α 「ゲン」という音読み、「まなこ」という訓読みもある。

慣

- 音：カン
- 訓：なれる　ならす
- おもな熟語：習慣《しゅうかん》・慣用《かんよう》・慣《かん》例《れい》・慣行《かんこう》・慣習《かんしゅう》
- おもな使い方：仕事に慣《な》れる／習慣になる／土地の慣習

読み

漢字の読みを覚えて、意味を知ろう。

何度も取り組むために、なるべく書き込まずにノートにけテぶれをしよう。

書き込んでしまったときは解答欄を紙で隠して答えが見えないようにしよう。

1回目　2回目　3回目

解答・解説
▼別冊06ページ

□ ① 人質《ひとじち》を解放する。

□ ② 試験に合格する。

□ ③ 確実な方法を考える。

□ ④ 金額をまちがえる。

□ ⑤ 本を刊行する。

□ ⑥ 木の幹に登る。

□ ⑦ 毎日の習慣。

□ ⑧ 目の病気で眼科に通う。

□ ⑨ 紀行文を読む。

□ ⑩ 基本を大切にする。

□ ⑪ 問題を解く。

□ ⑫ 格式が高い店。

□ ⑬ きちんと確かめる。

□ ⑭ 高額の買い物をする。

□ ⑮ 本の新刊が出る。

□ ⑯ 幹線道路を走る。

□ ⑰ 新しい仕事に慣れる。

□ ⑱ 眼前に広がる景色。

□ ⑲ 紀元前百年の頃《ころ》の日本。

□ ⑳ 非営利《ひえいり》の基金を設立《せつりつ》する。

①（　　）　⑪（　　）

②（　　）　⑫（　　）

③（　　）　⑬（　　）

④（　　）　⑭（　　）

⑤（　　）　⑮（　　）

⑥（　　）　⑯（　　）

⑦（　　）　⑰（　　）

⑧（　　）　⑱（　　）

⑨（　　）　⑲（　　）

⑩（　　）　⑳（　　）

意味がわからない言葉は必ず調べよう。漢字の形を覚えても意味がわからなければ、使えないぞ！

け 今日の意気込み・計画を書こう。

計画の例
ひとまず今覚えている漢字とそうでない漢字を分ける！

テ 今の実力を確認しよう。
次のひらがなを漢字にしよう。

1回目
2回目
3回目

解答・解説
▼別冊06ページ

① 人質《ひとじち》をかいほうする。
② 試験にごうかくする。
③ かくじつな方法を考える。
④ きんがくをまちがえる。
⑤ 本をかんこうする。
⑥ 木のみきに登る。
⑦ 毎日のしゅうかん。
⑧ 目の病気でがんかに通う。
⑨ きこう文を読む。
⑩ きほんを大切にする。
⑪ 問題をとく。
⑫ かくしきが高い店。
⑬ きちんとたしかめる。
⑭ こうがくの買い物をする。
⑮ 本のしんかんが出る。
⑯ かんせん道路を走る。
⑰ 新しい仕事になれる。
⑱ がんぜんに広がる景色。
⑲ きげん前百年の頃の日本。
⑳ 非営利のききんを設立する。

①　②　③　④　⑤　⑥　⑦　⑧　⑨　⑩

⑪　⑫　⑬　⑭　⑮　⑯　⑰　⑱　⑲　⑳

何度も取り組むために、なるべく書き込まずにノートにけテぶれをしよう。
書き込んでしまったときは解答欄を紙で隠して答えが見えないようにすれば、もう一度ノートにけテぶれができるよ。

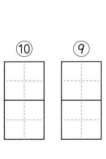

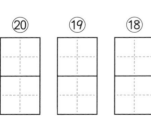

振り返って学習の分析をしよう！ノートや練習スペースで練習しよう！

実際にけテぶれをやってみて感じた、コツや難しさなどを分析しよう。

ぶ

分析をしてみよう！

分析の例

「解」の右は「刀と牛」って覚える！

「確」の書き方が難しい。右側の書き方に気を付ける。

れ

練習をしよう！

テストのポイント

- 「テスト」は丸付けをしっかりと!!
- けテぶれ入門期は「正しく丸付けする力」を身につけよう。
- 答えをよく見比べて、形やとめはねはらいなどまでしっかりチェックしよう。

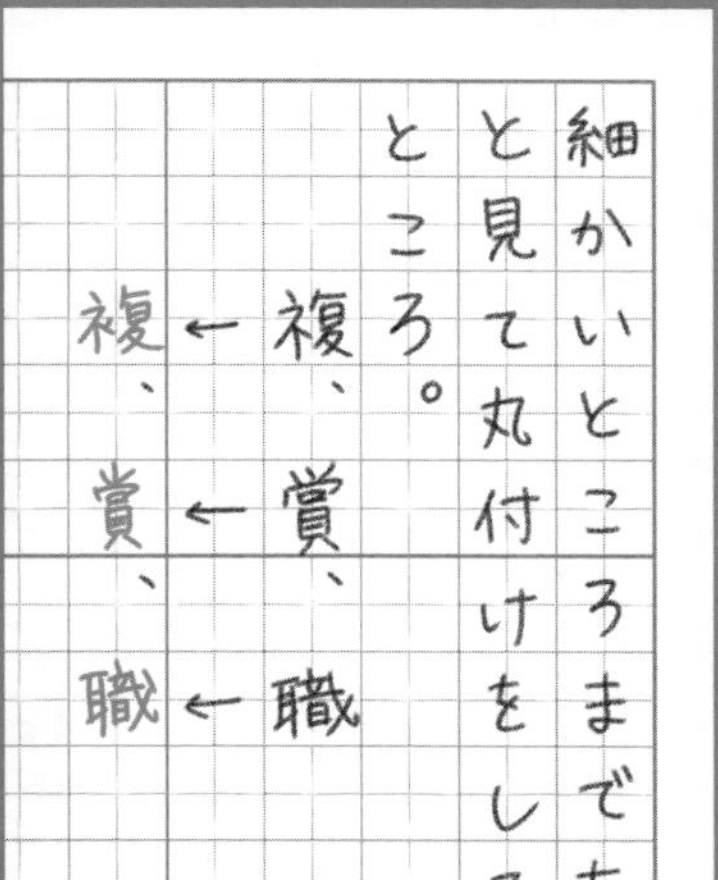
細かいところまでちゃんと見て丸付けをしているところ。
複、賞、職
← ← ←
複、賞、職

漢字学習「4」

第1タームの4

今回はこれらの漢字を学習しよう。まずは指でなぞりながら、字の形や書き順を覚えよう。

規
はねる

音：キ
訓：―

おもな熟語	おもな使い方
定規《じょうぎ》・規則《きそく》・規制《きせい》・規格《きかく》・規定《きてい》	定規で線を引く／規則を守る／交通規制

寄
はねる

+α 「最寄《もよ》り」という特別な読み方がある。

音：キ
訓：よる　よせる

おもな熟語	おもな使い方
寄付《きふ》・寄生《きせい》・寄宿《きしゅく》・寄与《きよ》・寄港《きこう》	絵を寄付する／寄生虫に注意する／本屋に寄《よ》る

逆

音：ギャク
訓：さか　さからう

おもな熟語	おもな使い方
逆転《ぎゃくてん》・逆光《ぎゃっこう》・逆風《ぎゃくふう》・反逆《はんぎゃく》・逆境《ぎゃっきょう》	逆上《さかあ》がり／逆転して勝つ／逆境に負けない

義
はねる

音：ギ
訓：―

おもな熟語	おもな使い方
正義《せいぎ》・義理《ぎり》・義務《ぎむ》・意義《いぎ》・主義《しゅぎ》	正義の味方／義理の兄／理想主義

技
はねる

+α 「わざ」という読み方もある。「柔道《じゅうどう》の技《わざ》」など。

音：ギ
訓：―

おもな熟語	おもな使い方
技術《ぎじゅつ》・球技《きゅうぎ》・競技《きょうぎ》・技能《ぎのう》	技術をみがく／球技大会／陸上競技の選手

喜

音：キ
訓：よろこぶ

おもな熟語	おもな使い方
喜劇《きげき》・喜怒《きど》・悲喜《ひき》・歓喜《かんき》・喜色《きしょく》	合格を喜《よろこ》ぶ／悲喜こもごも／喜色満面

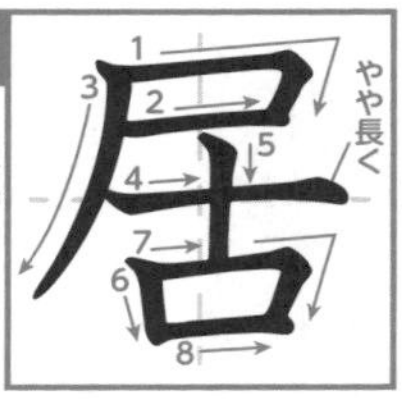
居
やや長く

+α 「居士《こじ》」という特別な読み方もある。

音：キョ
訓：いる

おもな熟語	おもな使い方
居住《きょじゅう》・居間《いま》・転居《てんきょ》・住居《じゅうきょ》・同居《どうきょ》	市内に居住する／居間でくつろぐ／転居する

救

音：キュウ
訓：すくう

おもな熟語	おもな使い方
救急《きゅうきゅう》・救命《きゅうめい》・救助《きゅうじょ》・救出《きゅうしゅつ》・救済《きゅうさい》	救急車を呼《よ》ぶ／人命救助／人を救《すく》う

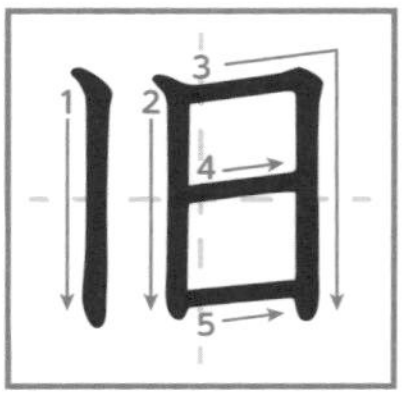
旧

音：キュウ
訓：―

おもな熟語	おもな使い方
旧式《きゅうしき》・旧制《きゅうせい》・旧家《きゅうか》・新旧《しんきゅう》・旧友《きゅうゆう》	旧式の機械／旧制中学／新旧の交代

久

+α 「ク」という読み方もある。「久遠《くおん》」など。

音：キュウ
訓：ひさしい

おもな熟語	おもな使い方
永久《えいきゅう》・持久《じきゅう》・耐久《たいきゅう》・恒久《こうきゅう》・悠久《ゆうきゅう》	久《ひさ》しぶりに会う／永久に続く／持久力がない

読み　漢字の読みを覚えて、意味を知ろう。

何度も取り組むために、なるべく書き込まずにノートにけテぶれをしよう。

□①絵を寄付する。

□②学校の規則を守る。

□③入学を喜ぶ。

□④技術をみがく。

□⑤正義の味方を演《えん》じる。

□⑥逆転して勝つ。

□⑦友人に久しぶりに会う。

□⑧旧式の機械を使う。

□⑨救急車を呼ぶ。

□⑩同居の家族。

書き込んでしまったときは解答欄を紙で隠して答えが見えないようにしよう。

□⑪寄生虫に注意する。

□⑫交通規制で渋滞《じゅうたい》する。

□⑬悲喜こもごも。

□⑭球技大会に出る。

□⑮父は理想主義者だ。

□⑯鉄棒《てつぼう》で逆上がりをする。

□⑰持久力がない。

□⑱祖父《そふ》は旧制中学を出た。

□⑲おぼれた人を救う。

□⑳居間でくつろぐ。

1回目　2回目　3回目

解答・解説
▼別冊08ページ

①（　　）
②（　　）
③（　　）
④（　　）
⑤（　　）
⑥（　　）
⑦（　　）
⑧（　　）
⑨（　　）
⑩（　　）

⑪（　　）
⑫（　　）
⑬（　　）
⑭（　　）
⑮（　　）
⑯（　　）
⑰（　　）
⑱（　　）
⑲（　　）
⑳（　　）

余裕《よゆう》がある人は、右ページの「おもな熟語」「おもな使い方」まで覚えましょう。

け 今日の意気込み・計画を書こう。

計画の例
今日は⑥まで完全にできるようにする！

テ 今の実力を確認しよう。次のひらがなを漢字にしよう。

1回目　2回目　3回目

解答・解説 ▼別冊08ページ

① 絵をきふする。
② 学校のきそくを守る。
③ 入学をよろこぶ。
④ ぎじゅつをみがく。
⑤ せいぎの味方を演じる。
⑥ ぎゃくてんして勝つ。
⑦ 友人にひさしぶりに会う。
⑧ きゅうしきの機械を使う。
⑨ きゅうきゅう車を呼ぶ。
⑩ どうきょの家族。
⑪ きせい虫に注意する。
⑫ 交通きせいで渋滞する。
⑬ ひきこもごも。
⑭ きゅうぎ大会に出る。
⑮ 父は理想しゅぎ者だ。
⑯ 鉄棒でさか上がりをする。
⑰ じきゅう力がない。
⑱ 祖父はきゅうせい中学を出た。
⑲ おぼれた人をすくう。
⑳ いまでくつろぐ。

① ② ③ ④ ⑤ ⑥ ⑦ ⑧ ⑨ ⑩

⑪ ⑫ ⑬ ⑭ ⑮ ⑯ ⑰ ⑱ ⑲ ⑳

何度も取り組むために、なるべく書き込まずにノートにけテぶれをしよう。

書き込んでしまったときは解答欄を紙で隠して答えが見えないようにすれば、もう一度ノートにけテぶれができるよ。

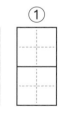

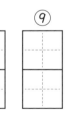

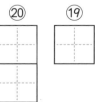

振り返って学習の分析をしよう！ノートや練習スペースで練習しよう！

実際にけテぶれをやってみて感じた、コツや難しさなどを分析しよう。

ぶ 分析をしてみよう！

分析の例

「義」の横ぼうの本数がわかっていなかった。
「救」の点を忘れた。

れ 練習をしよう！

分析

● 「分析」は思ったことを＋－↓の3つの記号で書いてみよう。

＋：よかったこと・うまくいったこと

－：よくなかったこと・うまくいかなかったこと

↓：次はどうするといいか

● 苦手な字は、問題に印を入れよう。

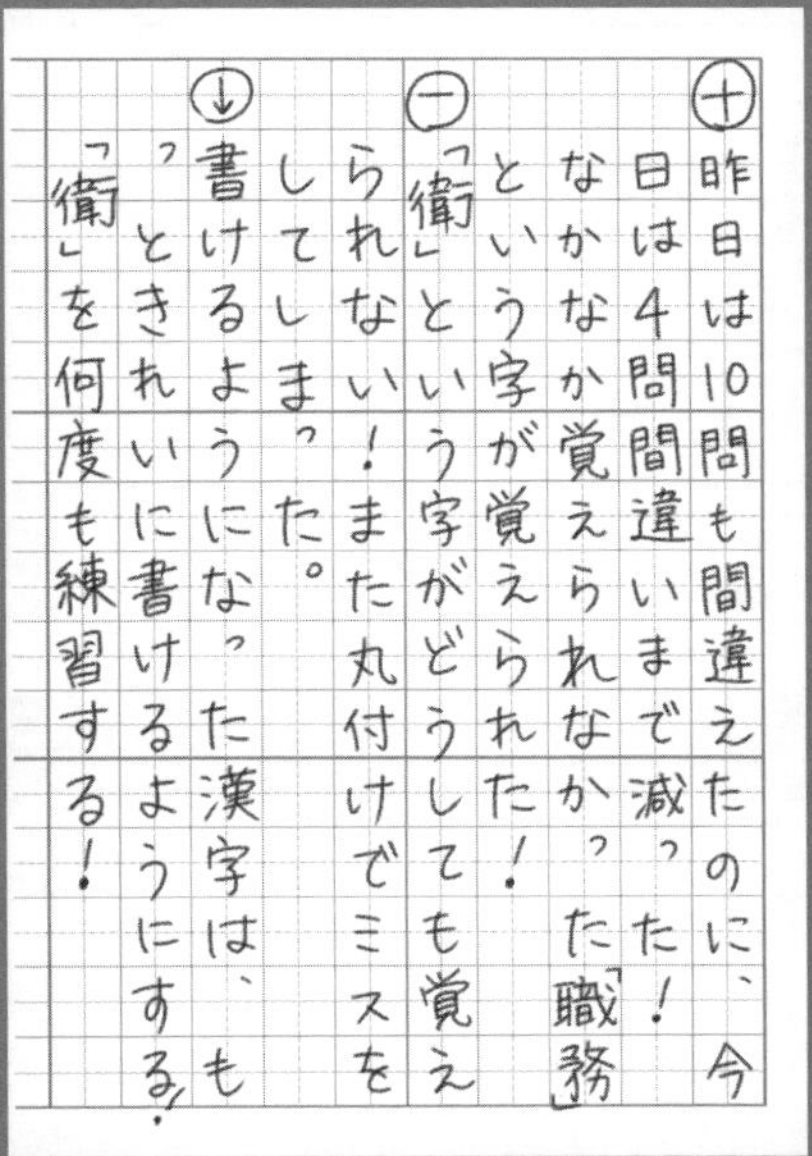

＋昨日は10問も間違えたのに、今日は4問間違いまで減った！なかなか覚えられなかった「職務」という字が覚えられた！
－「衛」という字がどうしても覚えられない！また丸付けでミスをしてしまった。
↓書けるようになった漢字は、もっときれいに書けるようにする！「衛」を何度も練習する！

漢字学習

「5」

第１タームの５

今回はこれらの漢字を学習しよう。まずは指でなぞりながら、字の形や書き順を覚えよう。

許

音 キョ

訓 ゆるす

おもな熟語	おもな使い方
許可《きょか》・特許《とっきょ》・許容《きょよう》・免許《めんきょ》・認許《にんきょ》	失敗を許《ゆる》す／入国を許可する／特許をとる

境

音 キョウ

訓 さかい

おもな熟語	おもな使い方
国境《こっきょう》・境界《きょうかい》・苦境《くきょう》・境目《さかいめ》・見境《みさかい》	境界線を引く／苦境に立つ／見境がない

+α 「ケイ」という読み方もある。「境内《けいだい》」など。

均

音 キン

訓 —

おもな熟語	おもな使い方
均一《きんいつ》・平均《へいきん》・均等《きんとう》・均整《きんせい》・均質《きんしつ》	均一の料金／身長の平均／均整のとれた体

禁

音 キン

訓 —

おもな熟語	おもな使い方
禁止《きんし》・禁漁《きんりょう》・禁物《きんもつ》・解禁《かいきん》・発禁《はっきん》	私語《しご》を禁《きん》じる／入室を禁止する／油断《ゆだん》は禁物

句

音 ク

訓 —

おもな熟語	おもな使い方
句点《くてん》・語句《ごく》・文句《もんく》・禁句《きんく》・句集《くしゅう》	句点をつける／語句を覚える／文句を言う

型

音 ケイ

訓 かた

おもな熟語	おもな使い方
型紙《かたがみ》・血液型《けつえきがた》・木型《きがた》・新型《しんがた》・典型《てんけい》	服の型紙／血液型を調べる／典型的な症状《しょうじょう》

経

音 ケイ

訓 へる

おもな熟語	おもな使い方
経験《けいけん》・経営《けいえい》・経度《けいど》・経過《けいか》・経理《けいり》	経験を積む／店を経営する／年月を経《へ》る

+α 「キョウ」という読み方もある。「経文《きょうもん》」など。

潔

音 ケツ

訓 —

おもな熟語	おもな使い方
清潔《せいけつ》・高潔《こうけつ》・不潔《ふけつ》・潔白《けっぱく》・簡潔《かんけつ》	清潔な身なり／高潔な人／身の潔白

+α 「潔《いさぎよ》い」という読み方もある。

件

音 ケン

訓 —

おもな熟語	おもな使い方
事件《じけん》・用件《ようけん》・要件《ようけん》・物件《ぶっけん》・件数《けんすう》	事件が起こる／用件を伝える／要件を満たす

読み　漢字の読みを覚えて、意味を知ろう。

何度も取り組むために、なるべく書き込まずにノートにけテぶれをしよう。

書き込んでしまったときは解答欄を紙で隠して答えが見えないようにしよう。

1回目　2回目　3回目

解答・解説 ▼別冊10ページ

□ ① 友人の失敗を許す。
□ ② 苦境に立つ。
□ ③ 前後の見境がない。
□ ④ 身長の平均を出す。
□ ⑤ 入室を禁止する。
□ ⑥ 文末の句点。
□ ⑦ 服の型紙を取る。
□ ⑧ 仕事の経験を積む。
□ ⑨ 清潔な身なり。
□ ⑩ 用件を伝える。

□ ⑪ 入国を許可する。
□ ⑫ 隣《となり》との境界線を引く。
□ ⑬ 生死の境目をさまよう。
□ ⑭ ケーキを均等に切る。
□ ⑮ 教室での私語《しご》を禁じる。
□ ⑯ 重要な語句を覚える。
□ ⑰ 典型的な症状《しょうじょう》。
□ ⑱ 雑貨店《ざっかてん》を経営する。
□ ⑲ 身の潔白を証明《しょうめい》する。
□ ⑳ 一定の要件を満たす。

①（　　） ⑪（　　）
②（　　） ⑫（　　）
③（　　） ⑬（　　）
④（　　） ⑭（　　）
⑤（　　） ⑮（　　）
⑥（　　） ⑯（　　）
⑦（　　） ⑰（　　）
⑧（　　） ⑱（　　）
⑨（　　） ⑲（　　）
⑩（　　） ⑳（　　）

同じ漢字を使った熟語で音訓両方の読みをする場合もあるわね！

け 今日の意気込み・計画を書こう。

計画の例
今日は時間があるから、⑳まで何度もテストと練習をする！

テ 今の実力を確認しよう。次のひらがなを漢字にしよう。

1回目　2回目　3回目

解答・解説 ▼別冊10ページ

① 友人の失敗をゆるす。
② くきょうに立つ。
③ 前後のみさかいがない。
④ 身長のへいきんを出す。
⑤ 入室をきんしする。
⑥ 文末のくてん。
⑦ 服のかたがみを取る。
⑧ 仕事のけいけんを積む。
⑨ せいけつな身なり。
⑩ ようけんを伝える。
⑪ 入国をきょかする。
⑫ 隣とのきょうかい線を引く。
⑬ 生死のさかいめをさまよう。
⑭ ケーキをきんとうに切る。
⑮ 教室での私語《しご》をきんじる。
⑯ 重要なごくを覚える。
⑰ てんけい的な症状《しょうじょう》。
⑱ 雑貨店をけいえいする。
⑲ 身のけっぱくを証明する。
⑳ 一定のようけんを満たす。

何度も取り組むために、なるべく書き込まずにノートにけテぶれをしよう。

書き込んでしまったときは解答欄を紙で隠して答えが見えないようにすれば、もう一度ノートにけテぶれができるよ。

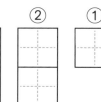

振り返って学習の分析をしよう！ノートや練習スペースで練習しよう！

実際にけテぶれをやってみて感じた、コツや難しさなどを分析しよう。

ぶ

分析をしてみよう！

分析の例

「許」の右は上につき出ない。「牛」じゃない。「潔」の右の書き方が複雑なので、気を付ける。

れ

練習をしよう！

練習

- 「練習」はまずは量を増やそう！　何度も書く！　それから！　ノートの見開き1ページは使おう。
- ここまで5回分・50字の漢字（第1タームの1～5）で、自分が苦手な字だけを抜き出して、「けテぶれ」を回そう。
- 準備ができたらいざ大テスト！

1 漢字の読み方を書こう。

何度も取り組むために、なるべく書き込まずにノートで練習しよう。

1回目 2回目 3回目

解答 ▼別冊42ページ

①入学を喜ぶ。
②過去をふり返る。
③木の幹に登る。
④圧力をかける。
⑤生死の境目。
⑥病気が快方に向かう。
⑦問題を解く。
⑧身の潔白を証明《しょうめい》する。
⑨衛生面に気をつける。
⑩寄生虫に注意する。
⑪ケーキを均等に切る。
⑫仮定して考える。
⑬球技大会に出る。
⑭新しい仕事に慣れる。
⑮席を移動する。
⑯眼前に広がる景色。
⑰永続する事業。
⑱大河の流れ。
⑲用件を伝える。
⑳路上で演説する。
㉑本の新刊が出る。
㉒父は理想主義者だ。
㉓ホテルを営む。
㉔仕事の経験を積む。
㉕消毒液を使う。
㉖試験に合格する。
㉗紀元前百年の頃《ころ》。
㉘安易な考えをもつ。
㉙交通規制で渋滞《じゅうたい》する。
㉚桜色の着物を着る。
㉛おぼれた人を救う。
㉜応答がない。
㉝物価が上がる。
㉞友に久しぶりに会う。
㉟高額の買い物をする。
㊱服の型紙を取る。
㊲有益な情報《じょうほう》を得《え》る。
㊳同居の家族。
㊴重要な語句を覚える。
㊵提案《ていあん》が可決される。
㊶非営利《ひえいり》の基金の設立《せつりつ》。
㊷確実な方法を考える。
㊸入室を禁止する。
㊹学校の周囲を走る。
㊺逆上がりをする。
㊻友人の失敗を許す。
㊼道を往復する。
㊽旧制中学を出た。
㊾地道な努力が勝因だ。
㊿隣《となり》との境界線を引く。

第1ターム

2 漢字にして書こう。

何度も取り組むために、なるべく書き込まずにノートで練習しよう。

1回目 2回目 3回目

解答▼別冊42ページ

①きこう文を読む。
②げんいんを考える。
③きちんとたしかめる。
④客におうたいする。
⑤人質《ひとじち》をかいほうする。
⑥きんがくのまちがい。
⑦絵をきふする。
⑧人工えいせい。
⑨入国をきょかする。
⑩よざくらを見る。
⑪くきょうに立つ。
⑫主役をえんじる。
⑬私語《しご》をきんじる。
⑭今年も夏がすぎた。
⑮前後のみさかい。
⑯一組のあっしょうだ。
⑰店をうつす。
⑱本をかんこうする。
⑲身長のへいきん。
⑳えいえんの友情《ゆうじょう》。
㉑文末のくてん。
㉒やさしい問題。
㉓かせんが氾濫《はんらん》する。
㉔ぎじゅつをみがく。
㉕学校のきそくを守る。
㉖大会をうんえいする。
㉗ひきこもごも。
㉘優勝《ゆうしょう》のかのう性《せい》。
㉙病気でがんかに通う。
㉚一万円のりえき。
㉛かくしきが高い店。
㉜おうねんの名作。
㉝かりの住まい。
㉞きゅうきゅう車。
㉟きゅうしきの機械。
㊱かこいを作る。
㊲せいぎの味方。
㊳毎日のしゅうかん。
㊴野菜のかかく。
㊵いまでくつろぐ。
㊶かいてきな部屋。
㊷てんけい的な症状《しょうじょう》。
㊸水はえきたいだ。
㊹じきゅう力がない。
㊺ようけんを満たす。
㊻きほんを大切にする。
㊼雑貨店《ざっかてん》のけいえい。
㊽かんせん道路を走る。
㊾ぎゃくてんして勝つ。
㊿せいけつな身なり。

振り返って、学習の大分析をしよう。次の学習の計画を立てよう。

実際にけテぶれをやってみて感じた、コツや難しさなどを分析しよう。

大分析→大計画

「けテぶれ」は「自分で学習する力をつけるための練習」です。自分で取った点数は、どうだったでしょうか？　自分の学習を、自分で積み上げる感覚が重要です。

まずは体験をしましょう。そこから学びを生んでいきます。たとえば、＋、－、→、！、？の5種類の記号を使って、経験を振り返ってみてください。そして、学習では量も重要です。次のタームでは量の向上を目指して進めましょう。

ここでは第１ターム・50問（文字）の振り返りをしましょう。テストをふまえて、学習を分析して、次の計画を立ててね。やり方に迷ったら、おうちの人や友達と相談しながらやってみてね。

＋：うまくいったこと・成長したこと	－：うまくいかなかったこと・失敗したこと	→：次はどうするか

大分析をふまえて、次の学習のための大計画を書こう。

はじめの20問をいつまでに覚える？

〈　年　月　日〉

そのために、毎日、いつ勉強する？

日（　）	日（　）	日（　）	日（　）	ゴール
計画の例 学校から帰ってすぐ。				

5つの学習セットとまとめの50問テストという流れで、ここまで学習（けテぶれ）を進めてきました。一度やってみて、なんとなく流れがわかりましたか？　次も同じ流れで学習していきます。「大計画」では、「この流れをどういうペースで進めるか」という計画を立てます。まずは1週間で1つの学習ゾーンをマスターできるような計画を考えてみましょう。コツは、「あまり綿密な計画を立てない」ことです。ざっくりと学習に見通しがたてばOK。実際にけテぶれを回し始めると、思ったよりも早く進んだり、逆に思ったよりも苦戦したりして、計画通りにいかないことばかりです。あらかじめ大計画で見通しを立てていれば、状況に合わせて学習のペースを調整することができます。計画通りに行っていないからといって落ち込むことはありません。一度立てた計画はどんどん更新していくつもりで勉強を進めましょう。

漢字学習 [6]

第２ターームの１

今回はこれらの漢字を学習しよう。まずは指でなぞりながら、字の形や書き順を覚えよう。

検

はらう

音 ケン
訓 ―

おもな熟語	おもな使い方
検定《けんてい》・検温《けんおん》・点検《てんけん》・検算《けんざん》・検挙《けんきょ》	検定試験《しけん》／検温する／車の点検

険

出さない

音 ケン
訓 けわしい

おもな熟語	おもな使い方
冒険《ぼうけん》・危険《きけん》・険悪《けんあく》・保険《ほけん》・陰険《いんけん》	険《けわ》しい表情《ひょうじょう》／険悪な空気／保険に入る

故

+α

はらう

音 コ
訓 ―

おもな熟語	おもな使い方
事故《じこ》・故意《こい》・故事《こじ》・故国《ここく》・故人《こじん》	事故を起こす／故意にぶつける／故事成語

「ゆえ」という読み方もある。「何故《なにゆえ》」など。

減

はねる

音 ゲン
訓 へる へらす

おもな熟語	おもな使い方
減少《げんしょう》・減量《げんりょう》・減産《げんさん》・加減《かげん》・軽減《けいげん》	体重が減《へ》る／人数が減少する／力を加減する

現

右上へ　はねる

音 ゲン
訓 あらわれる あらわす

おもな熟語	おもな使い方
現実《げんじつ》・現在《げんざい》・現金《げんきん》・表現《ひょうげん》・実現《じつげん》	現実的／現金ではらう／すがたを現《あらわ》す

限

音 ゲン
訓 かぎる

おもな熟語	おもな使い方
限定《げんてい》・限度《げんど》・制限《せいげん》・門限《もんげん》・期限《きげん》	時間を限《かぎ》る／限度がある／門限を守る

厚

+α

はねる

音 ―
訓 あつい

おもな熟語	おもな使い方
厚手《あつで》・厚着《あつぎ》・厚紙《あつがみ》・厚地《あつじ》・肉厚《にくあつ》	厚《あつ》い本／厚着をする／厚紙を切る

「コウ」という読み方もある。「温厚《おんこう》」など。

効

とめる　はねる

音 コウ
訓 きく

おもな熟語	おもな使い方
効果《こうか》・効能《こうのう》・効率《こうりつ》・有効《ゆうこう》・無効《むこう》	薬が効《き》く／効果が出る／効率よく勉強する

護

音 ゴ
訓 ―

おもな熟語	おもな使い方
保護《ほご》・守護《しゅご》・護身《ごしん》・護国《ごこく》・護岸《ごがん》	ねこを保護する／護身術《じゅつ》を習う／護岸工事

個

音 コ
訓 ―

おもな熟語	おもな使い方
個人《こじん》・個室《こしつ》・個別《こべつ》・個性《こせい》・個体《こたい》	個人の意見／個室を希望《きぼう》する／個性をのばす

読み　漢字の読みを覚えて、意味を知ろう。

何度も取り組むために、なるべく書き込まずにノートにけテぶれをしよう。

□ ① 保険に入る。
□ ② 検定試験《しけん》を受ける。
□ ③ 何事も限度がある。
□ ④ 現実的に考える。
□ ⑤ 人数が減少する。
□ ⑥ 車で事故を起こす。
□ ⑦ 個人の意見を尊重《そんちょう》する。
□ ⑧ ねこを保護する。
□ ⑨ 勉強の効果が出る。
□ ⑩ 厚い本を読む。

書き込んでしまったときは解答欄を紙で隠して答えが見えないようにしよう。

□ ⑪ 険しい表情《ひょうじょう》。
□ ⑫ 車の点検をする。
□ ⑬ 時間を限る。
□ ⑭ すがたを現す。
□ ⑮ やせて体重が減る。
□ ⑯ 車を故意にぶつける。
□ ⑰ 個室を希望《きぼう》する。
□ ⑱ 護岸工事が行われる。
□ ⑲ 薬が効く。
□ ⑳ 寒いので厚着をする。

1回目　2回目　3回目

解答・解説 ▼別冊12ページ

① (　　)　⑪ (　　)
② (　　)　⑫ (　　)
③ (　　)　⑬ (　　)
④ (　　)　⑭ (　　)
⑤ (　　)　⑮ (　　)
⑥ (　　)　⑯ (　　)
⑦ (　　)　⑰ (　　)
⑧ (　　)　⑱ (　　)
⑨ (　　)　⑲ (　　)
⑩ (　　)　⑳ (　　)

「厚い」には「暑い」「熱い」といった同じ訓読みで意味のちがう漢字がありますよ。

け 今日の意気込み・計画を書こう。

計画の例
わからない漢字が多そう。時間をかけてゆっくりやろう。

テ 今の実力を確認しよう。
次のひらがなを漢字にしよう。

1回目　2回目　3回目

解答・解説 ▼別冊12ページ

① ほけんに入る。
② けんてい試験を受ける。
③ 何事もげんどがある。
④ げんじつ的に考える。
⑤ 人数がげんしょうする。
⑥ 車でじこを起こす。
⑦ こじんの意見を尊重する。
⑧ ねこをほごする。
⑨ 勉強のこうかが出る。
⑩ あつい本を読む。
⑪ けわしい表情。
⑫ 車のてんけんをする。
⑬ 時間をかぎる。
⑭ すがたをあらわす。
⑮ やせて体重がへる。
⑯ 車をこいにぶつける。
⑰ こしつを希望する。
⑱ ごがん工事が行われる。
⑲ 薬がきく。
⑳ 寒いのであつぎをする。

①　②　③　④　⑤　⑥　⑦　⑧　⑨　⑩

⑪　⑫　⑬　⑭　⑮　⑯　⑰　⑱　⑲　⑳

何度も取り組むために、なるべく書き込まずにノートにけテぶれをしよう。

書き込んでしまったときは解答欄を紙で隠して答えが見えないようにすれば、もう一度ノートにけテぶれができるよ。

振り返って学習の分析をしよう！ノートや練習スペースで練習しよう！

実際にけテぶれをやってみて感じた、コツや難しさなどを分析しよう。

ぶ

分析をしてみよう！

分析の例

「険」と「検」の使い分けをしっかりしよう。

「減」の十二画めの右上の点を忘れないようにする。

れ

練習をしよう！

高速けテぶれ！

- 読みは隠してひたすら声に出して読む。漢字音読。
- 全部読めるようになってから、書き取りけテぶれに進めば、ある程度はじめからかけるよ！
- 苦手な字を、文房具屋さんで売っている暗記カードや、暗記カード機能のあるアプリに登録して、空き時間にさっととりだして見られるようにしておけば、その場で高速けテぶれが回せるよ。
- コツは「思い出す」こと。思い出そうとすればするほど、「思い出す」ことが上手になる。シンプルだね！

漢字学習 [7]

第２タームの２

今回はこれらの漢字を学習しよう。まずは指でなぞりながら、字の形や書き順を覚えよう。

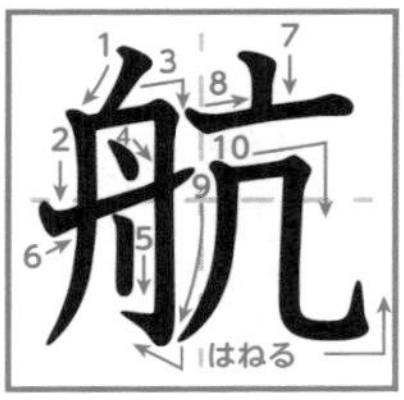

音　コウ
訓　―
おもな熟語　航空《こうくう》・航行《こうこう》・航海《こうかい》・航路《こうろ》・運航《うんこう》
おもな使い方　航空機に乗る／太平洋を航行する／遠洋航海

音　コウ
訓　たがやす
おもな熟語　耕地《こうち》・耕具《こうぐ》・耕作《こうさく》・休耕《きゅうこう》・農耕《のうこう》
おもな使い方　畑を耕《たがや》す／耕地の面積／耕具を使う

音　コウ
訓　―
おもな熟語　講義《こうぎ》・講習《こうしゅう》・講堂《こうどう》・講師《こうし》・講演《こうえん》
おもな使い方　講義を聞く／講習を受ける／講堂に集まる

+α　「興《おこ》る」「興《おこ》す」という読み方もある。

音　コウ　キョウ
訓　―
おもな熟語　興味《きょうみ》・興行《こうぎょう》・再興《さいこう》・復興《ふっこう》・興奮《こうふん》
おもな使い方　興味がある／興行収入《しゅうにゅう》／被災《ひさい》地の復興

音　コウ
訓　かまえる　かまう
おもな熟語　構図《こうず》・構想《こうそう》・構造《こうぞう》・構成《こうせい》・機構《きこう》
おもな使い方　剣《けん》を構《かま》える／対立の構図／構想を練る

音　コウ
訓　―
おもな熟語　鉱山《こうざん》・鉱物《こうぶつ》・鉱業《こうぎょう》・金鉱《きんこう》・採鉱《さいこう》
おもな使い方　鉱山で働く／鉱物の標本／金鉱を見つける

音　サイ　サ
訓　ふたたび
おもな熟語　再会《さいかい》・再開《さいかい》・再現《さいげん》・再生《さいせい》・再発《さいはつ》
おもな使い方　再《ふたた》び会う／友人に再会する／仕事を再開する

音　サ
訓　―
おもな熟語　調査《ちょうさ》・検査《けんさ》・考査《こうさ》・査定《さてい》・査察《ささつ》
おもな使い方　調査結果の発表／精密《せいみつ》検査／現《げん》地《ち》を査察する

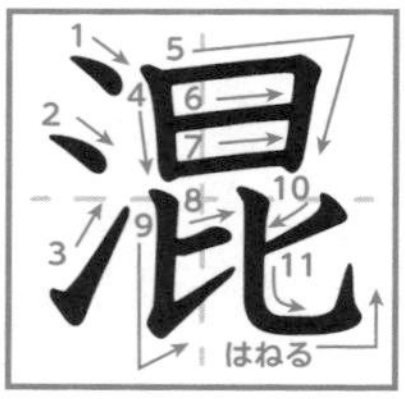

音　コン
訓　まじる　まざる　まぜる　こむ
おもな熟語　混雑《こんざつ》・混合《こんごう》・混入《こんにゅう》・混在《こんざい》・混成《こんせい》
おもな使い方　材料を混《ま》ぜる／異物《いぶつ》が混入する／色が混ざる

音　コク
訓　つげる
おもな熟語　広告《こうこく》・報告《ほうこく》・予告《よこく》・告白《こくはく》・告別《こくべつ》
おもな使い方　春を告《つ》げる鳥／結果を報告する／罪《つみ》を告白する

読み 漢字の読みを覚えて、意味を知ろう。

何度も取り組むために、なるべく書き込まずにノートにけテぶれをしよう。

書き込んでしまったときは解答欄を紙で隠して答えが見えないようにしよう。

1回目 2回目 3回目

解答・解説 ▼別冊14ページ

□ ① 耕地の面積を測《はか》る。

□ ② 航空機に乗る。

□ ③ 鉱山で働く。

□ ④ 対立の構図。

□ ⑤ 絵に興味がある。

□ ⑥ 夏期講習を受ける。

□ ⑦ 罪《つみ》を告白する。

□ ⑧ 異物《いぶつ》が混入する。

□ ⑨ 調査結果の発表。

□ ⑩ 友人に再会する。

□ ⑪ 畑を耕す。

□ ⑫ 船で航行する。

□ ⑬ 鉱物の標本。

□ ⑭ 剣《けん》を構える。

□ ⑮ 映画《えいが》の興行収入《しゅうにゅう》。

□ ⑯ 大学で講義を聞く。

□ ⑰ 春を告げる鳥。

□ ⑱ 材料を混ぜる。

□ ⑲ 持ち物を検査する。

□ ⑳ 再び会う日まで。

①（　　）
②（　　）
③（　　）
④（　　）
⑤（　　）
⑥（　　）
⑦（　　）
⑧（　　）
⑨（　　）
⑩（　　）
⑪（　　）
⑫（　　）
⑬（　　）
⑭（　　）
⑮（　　）
⑯（　　）
⑰（　　）
⑱（　　）
⑲（　　）
⑳（　　）

「構」と「講」は形が似《に》ているのね。こういうの、しっかり注意してね。

け 今日の意気込み・計画を書こう。

計画の例

同じ読みをする漢字・熟語に気を付ける。

テ 今の実力を確認しよう。次のひらがなを漢字にしよう。

1回目
2回目
3回目

解答・解説
▼別冊14ページ

①こうちの面積を測《はか》る。

②こうくう機に乗る。

③こうざんで働く。

④対立のこうず。

⑤絵にきょうみがある。

⑥夏期こうしゅうを受ける。

⑦罪《つみ》をこくはくする。

⑧異物《いぶつ》がこんにゅうする。

⑨ちょうさ結果の発表。

⑩友人にさいかいする。

⑪畑をたがやす。

⑫船でこうこうする。

⑬こうぶつの標本。

⑭剣《けん》をかまえる。

⑮映画《えいが》のこうぎょう収入《しゅうにゅう》。

⑯大学でこうぎを聞く。

⑰春をつげる鳥。

⑱材料をまぜる。

⑲持ち物をけんさする。

⑳ふたたび会う日まで。

① ② ③ ④ ⑤ ⑥ ⑦ ⑧ ⑨ ⑩

⑪ ⑫ ⑬ ⑭ ⑮ ⑯ ⑰ ⑱ ⑲ ⑳

何度も取り組むために、なるべく書き込まずにノートにけテぶれをしよう。

書き込んでしまったときは解答欄を紙で隠して答えが見えないようにすれば、もう一度ノートにけテぶれができるよ。

振り返って学習の分析をしよう! ノートや練習スペースで練習しよう!

実際にけテぶれをやってみて感じた、コツや難しさなどを分析しよう。

ぶ 分析をしてみよう!

分析の例

「興」が難しい。形をしっかり覚えよう。

「構」と「講」の意味の違いがよくわかっていなかった。

れ 練習をしよう!

漢字の意味

- 漢字の学習は、「使える言葉の数」を増やすことでもあるんだ。読み方と意味を覚えているか確認しよう。
- 読めるけど、意味がわからないのは「まだマスターできていない」漢字といえる。読みながらどういう意味かと考えよう。
- 意味がわからない言葉は辞書で調べて、横に意味を書き込もう。

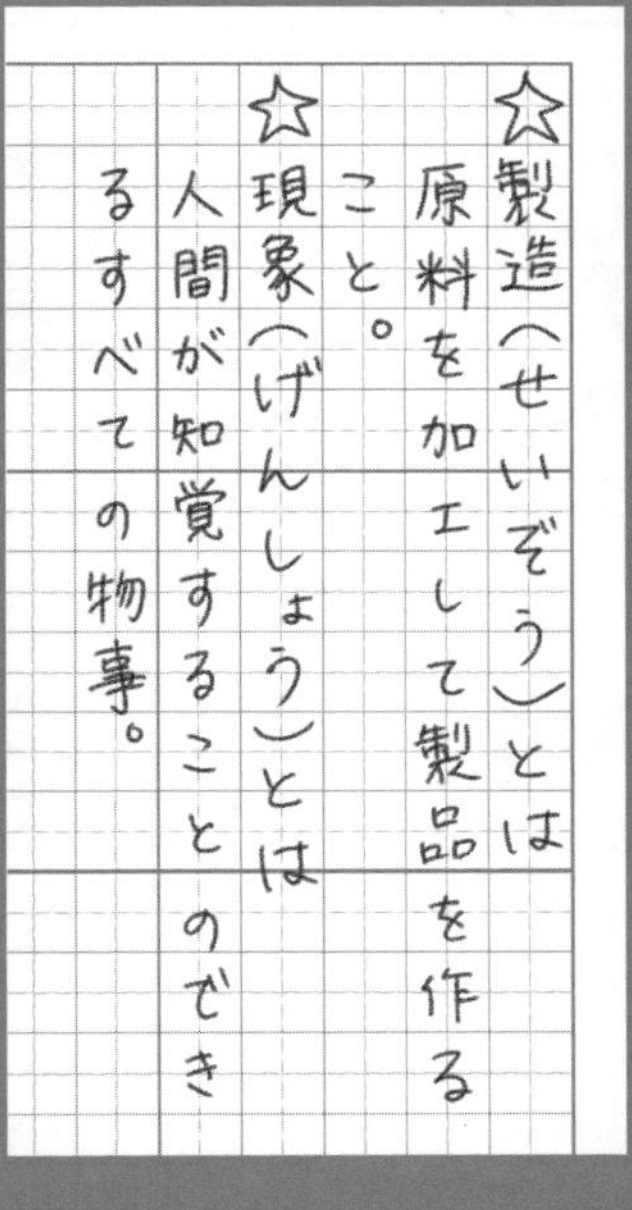

☆製造(せいぞう)とは原料を加工して製品を作ること。
☆現象(げんしょう)とは人間が知覚することのできるすべての物事。

漢字学習 [8]

第2タームの3

今回はこれらの漢字を学習しよう。まずは指でなぞりながら、字の形や書き順を覚えよう。

災

+α 「災《わざわ》い」という読み方もある。

音	訓
サイ	―

おもな熟語：災害《さいがい》・火災《かさい》・天災《てんさい》・防災《ぼうさい》・人災《じんさい》

おもな使い方：災害に備《そな》える／火災報知《ほうち》器が鳴る／防災活動

妻

突き出す

音	訓
サイ	つま

おもな熟語：妻子《さいし》・夫妻《ふさい》・愛妻《あいさい》・人妻《ひとづま》・稲妻《いなずま》

おもな使い方：私《わたし》の妻《つま》／妻子と暮《く》らす／仲《なか》の良い夫妻

採

わすれない

音	訓
サイ	とる

おもな熟語：採集《さいしゅう》・採取《さいしゅ》・採用《さいよう》・採点《さいてん》・採算《さいさん》

おもな使い方：社員を採《と》る／昆虫《こんちゅう》採集／採算がとれない

際

はねる

+α 「きわ」という読み方もある。「間際《まぎわ》」など。

音	訓
サイ	―

おもな熟語：実際《じっさい》・国際《こくさい》・交際《こうさい》・際限《さいげん》

おもな使い方：実際にあった話／国際問題になる／交際する

在

音	訓
ザイ	ある

おもな熟語：在学《ざいがく》・実在《じつざい》・不在《ふざい》・所在《しょざい》・在日《ざいにち》

おもな使い方：在《あ》りし日の母／在学生数を調べる／実在の人物

財

少し出す

+α 「サイ」という読み方もある。「財布《さいふ》」など。

音	訓
ザイ	―

おもな熟語：財産《ざいさん》・財力《ざいりょく》・文化財《ぶんかざい》・家財《かざい》・散財《さんざい》

おもな使い方：財産を築《きず》く／一代で財《ざい》を成す／国の文化財

罪

音	訓
ザイ	つみ

おもな熟語：罪人《ざいにん》・罪悪《ざいあく》・無罪《むざい》・有罪《ゆうざい》・謝罪《しゃざい》

おもな使い方：罪《つみ》をみとめる／無罪になる／心から謝罪する

殺

+α 「サイ」「セツ」という読み方もある。「相殺《そうさい》」「殺生《せっしょう》」など。

音	訓
サツ	ころす

おもな熟語：殺意《さつい》・暗殺《あんさつ》・殺気《さっき》・殺人《さつじん》・必殺《ひっさつ》

おもな使い方：息を殺《ころ》す／殺意を感じる／必殺技《わざ》を見せる

雑

+α 「雑魚《ざこ》」という特別な読みもある。

音	訓
ザツ ゾウ	―

おもな熟語：雑談《ざつだん》・雑草《ざっそう》・雑音《ざつおん》・雑木林《ぞうきばやし》

おもな使い方：雑談をする／雑草をぬく／雑木林で遊ぶ

酸

+α 「す(い)」という読み方もある。「酸っぱい」など。

音	訓
サン	―

おもな熟語：酸化《さんか》・酸性《さんせい》・酸素《さんそ》・酸味《さんみ》・塩酸《えんさん》

おもな使い方：鉄が酸化する／酸性とアルカリ性／酸素吸入《きゅうにゅう》

読み　漢字の読みを覚えて、意味を知ろう。

何度も取り組むために、なるべく書き込まずにノートにけテぶれをしよう。

書き込んでしまったときは解答欄を紙で隠して答えが見えないようにしよう。

1回目　2回目　3回目

解答・解説 ▼別冊16ページ

- ① 災害に備《そな》える。
- ② 彼女《かのじょ》は私《わたし》の妻です。
- ③ 社員を採る。
- ④ 実際にあった話。
- ⑤ 実在の人物。
- ⑥ 一代で財を成す。
- ⑦ 罪をみとめる。
- ⑧ 息を殺す。
- ⑨ 友人と雑談をする。
- ⑩ 鉄が酸化する。
- ⑪ 防災活動に参加する。
- ⑫ 妻子と暮《く》らす。
- ⑬ 昆虫《こんちゅう》採集をする。
- ⑭ 国際問題になる。
- ⑮ 在りし日の母。
- ⑯ 財産を築《きず》く。
- ⑰ 心から謝罪する。
- ⑱ 必殺技《わざ》を見せる。
- ⑲ 雑木林で遊ぶ。
- ⑳ 酸性の液体《えきたい》。

①（　　）②（　　）③（　　）④（　　）⑤（　　）⑥（　　）⑦（　　）⑧（　　）⑨（　　）⑩（　　）

⑪（　　）⑫（　　）⑬（　　）⑭（　　）⑮（　　）⑯（　　）⑰（　　）⑱（　　）⑲（　　）⑳（　　）

「社員を採る」の「採る」は「採用する」と同じ意味なのじゃ！

け 今日の意気込み・計画を書こう。

計画の例
今日は筆順に注意して書く！

テ 今の実力を確認しよう。次のひらがなを漢字にしよう。

1回目
2回目
3回目

解答・解説 ▼別冊16ページ

① さいがいに備《そな》える。
② 彼女は私《わたし》のつまです。
③ 社員をとる。
④ じっさいにあった話。
⑤ じつざいの人物。
⑥ 一代でざいを成す。
⑦ つみをみとめる。
⑧ 息をころす。
⑨ 友人とざつだんをする。
⑩ 鉄がさんかする。
⑪ ぼうさい活動に参加する。
⑫ さいしと暮《く》らす。
⑬ 昆虫《こんちゅう》さいしゅうをする。
⑭ こくさい問題になる。
⑮ ありし日の母。
⑯ ざいさんを築《きず》く。
⑰ 心からしゃざいする。
⑱ ひっさつ技《わざ》を見せる。
⑲ ぞうきばやしで遊ぶ。
⑳ さんせいの液体。

① ② ③ ④ ⑤ ⑥ ⑦ ⑧ ⑨ ⑩

⑪ ⑫ ⑬ ⑭ ⑮ ⑯ ⑰ ⑱ ⑲ ⑳

何度も取り組むために、なるべく書き込まずにノートにけテぶれをしよう。

書き込んでしまったときは解答欄を紙で隠して答えが見えないようにすれば、もう一度ノートにけテぶれができるよ。

振り返って学習の分析をしよう！ノートや練習スペースで練習しよう！

実際にけテぶれをやってみて感じた、コツや難しさなどを分析しよう。

ぶ 分析をしてみよう！

分析の例

「災」の上は「く」が３つ！

「在」の左側に気を付ける。はらいより縦《たて》の画が上につき出る。

れ 練習をしよう！

書き取り

● 漢字の書き取りでは、書き順に注意しよう！

● 細かいところまでしっかりとチェックするために、指書きを推奨しているんだ。

● 指書きとは、指先で漢字をなぞって、「そらがき」すること。鉛筆で実際に書かないけれど、指を動かして書く感じだよ。これは素早くできるので、高速けテぶれを回せるよ。

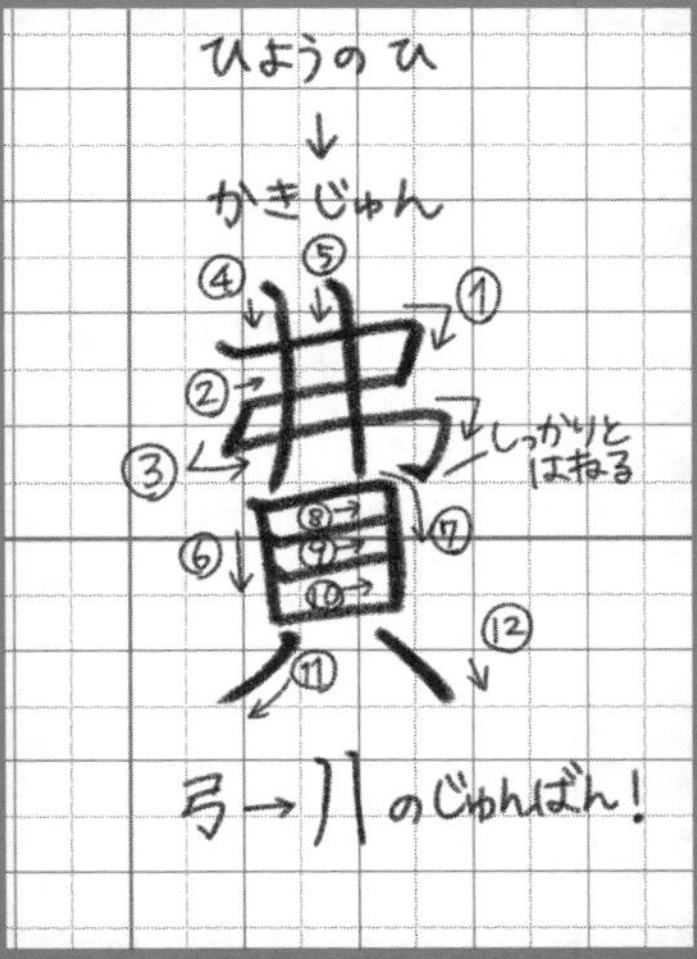

ひようのひ
↓
かきじゅん
しっかりとはねる
弓→八のじゅんばん！

漢字学習［9］

第2タームの4

今回はこれらの漢字を学習しよう。まずは指でなぞりながら、字の形や書き順を覚えよう。

賛

音：サン
訓：－

おもな熟語：賛成《さんせい》・賛同《さんどう》・賛美《さんび》・賞賛《しょうさん》・絶賛《ぜっさん》

おもな使い方：賛成と反対／意見に賛同する／絶賛の演技《えんぎ》

士

長く

音：シ
訓：－

おもな熟語：武士《ぶし》・同士《どうし》・士気《しき》・名士《めいし》・力士《りきし》

おもな使い方：武士の時代／士気が上がる／地元の名士

+α 「博士《はかせ》」という特別な読み方もある。

支

はらう

音：シ
訓：ささえる

おもな熟語：支配《しはい》・支給《しきゅう》・支点《してん》・支社《ししゃ》・支出《ししゅつ》

おもな使い方：家族を支える／支点と力点／本社と支社

+α 「差《さ》し支《つか》える」という特別な読みもある。

史

出す

音：シ
訓：－

おもな熟語：歴史《れきし》・史学《しがく》・史上《しじょう》・史実《しじつ》・史書《ししょ》

おもな使い方：史上最高の気温／史実に基《もと》づく／史書を読む

志

長く

音：シ
訓：こころざす　こころざし

おもな熟語：志願《しがん》・志望《しぼう》・意志《いし》・同志《どうし》・初志《しょし》

おもな使い方：学者を志《こころざ》す／入学を志願する／意志が強い

枝

音：－
訓：えだ

おもな熟語：枝葉《えだは》・枝豆《えだまめ》・小枝《こえだ》・枝道《えだみち》

おもな使い方：木々の枝葉／枝豆を食べる／森で枝《えだ》を拾う

+α 「シ」という読み方もある。「枝葉《しよう》」など。

師

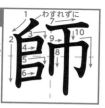

わすれずに

音：シ
訓：－

おもな熟語：教師《きょうし》・医師《いし》・講師《こうし》・漁師《りょうし》・師事《しじ》

おもな使い方：高校教師／私《わたし》の母は医師だ／漁師が船を出す

+α 「師走《しわす》」という特別な読み方がある。

資

音：シ
訓：－

おもな熟語：資本《しほん》・資金《しきん》・資料《しりょう》・物資《ぶっし》・投資《とうし》

おもな使い方：会社の資本金／事業の資金／物資を送る

飼

音：シ
訓：かう

おもな熟語：飼育《しいく》・飼料《しりょう》

おもな使い方：犬を飼《か》う／うさぎを飼育する／牛の飼料

読み 漢字の読みを覚えて、意味を知ろう。

何度も取り組むために、なるべく書き込まずにノートにけテぶれをしよう。

書き込んでしまったときは解答欄を紙で隠して答えが見えないようにしよう。

1回目 ☐ 2回目 ☐ 3回目 ☐

解答・解説 ▼別冊18ページ

☐ ① 賛成と反対。

☐ ② 選手の士気が上がる。

☐ ③ 支点と力点。

☐ ④ 史上最高の気温。

☐ ⑤ 兄は意志が強い。

☐ ⑥ 森で枝を拾う。

☐ ⑦ 私《わたし》の母は医師だ。

☐ ⑧ 会社の資本金。

☐ ⑨ 犬を飼っている。

☐ ⑩ 学者を志す。

☐ ⑪ 意見に賛同する。

☐ ⑫ 隣《となり》同士になる。

☐ ⑬ 家族を支える。

☐ ⑭ 史実に基《もと》づく映画《えいが》。

☐ ⑮ 入学を志願する。

☐ ⑯ 枝豆を食べる。

☐ ⑰ 有名な先生に師事する。

☐ ⑱ 事業の資金。

☐ ⑲ うさぎを飼育する。

☐ ⑳ 志望の中学に入る。

①（　　）
②（　　）
③（　　）
④（　　）
⑤（　　）
⑥（　　）
⑦（　　）
⑧（　　）
⑨（　　）
⑩（　　）
⑪（　　）
⑫（　　）
⑬（　　）
⑭（　　）
⑮（　　）
⑯（　　）
⑰（　　）
⑱（　　）
⑲（　　）
⑳（　　）

「賛成と反対」「支点と力点」がそれぞれ対《たい》義語《ぎご》になっているのじゃ！

け 今日の意気込み・計画を書こう。

計画の例
部首や成り立ちに注目しながら覚えてみる。

テ 今の実力を確認しよう。次のひらがなを漢字にしよう。

1回目
2回目
3回目

解答・解説 ▼別冊18ページ

① さんせいと反対。
② 選手のしきが上がる。
③ してんと力点。
④ しじょう最高の気温。
⑤ 兄はいしが強い。
⑥ 森でえだを拾う。
⑦ 私《わたし》の母はいしだ。
⑧ 会社のしほん金。
⑨ 犬をかっている。
⑩ 学者をこころざす。
⑪ 意見にさんどうする。
⑫ 隣《となり》どうしになる。
⑬ 家族をささえる。
⑭ しじつに基《もと》づく映《えい》画《が》。
⑮ 入学をしがんする。
⑯ えだまめを食べる。
⑰ 有名な先生にしじする。
⑱ 事業のしきん。
⑲ うさぎをしいくする。
⑳ しぼうの中学に入る。

① ② ③ ④ ⑤ ⑥ ⑦ ⑧ ⑨ ⑩

⑪ ⑫ ⑬ ⑭ ⑮ ⑯ ⑰ ⑱ ⑲ ⑳

何度も取り組むために、なるべく書き込まずにノートにけテぶれをしよう。

書き込んでしまったときは解答欄を紙で隠して答えが見えないようにすれば、もう一度ノートにけテぶれができるよ。

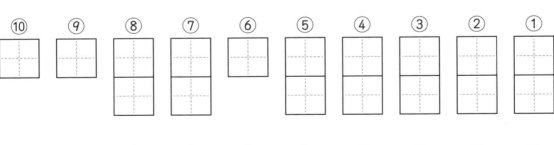

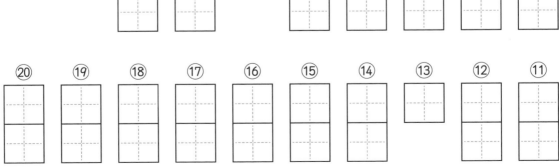

振り返って学習の分析をしよう！ ノートや練習スペースで練習しよう！

実際にけテぶれをやってみて感じた、コツや難しさなどを分析しよう。

ぶ

分析をしてみよう！

分析の例

「賛」の上がよくわかっていなかった。「師」の右はあんまり見たことなかった。ここで覚える！

れ

練習をしよう！

覚えるコツ

どうしても覚えられないときはどうしたらいいかな。たとえば、部首や成り立ちにも着目してみよう。「ただ覚えよう」とするのではなくて、意味づけをしたり、とっかかりから押《お》さえていったりすることで、学習が進められることもあるよ。たまには「やり方を変えてみる」チャレンジもしてみよう。

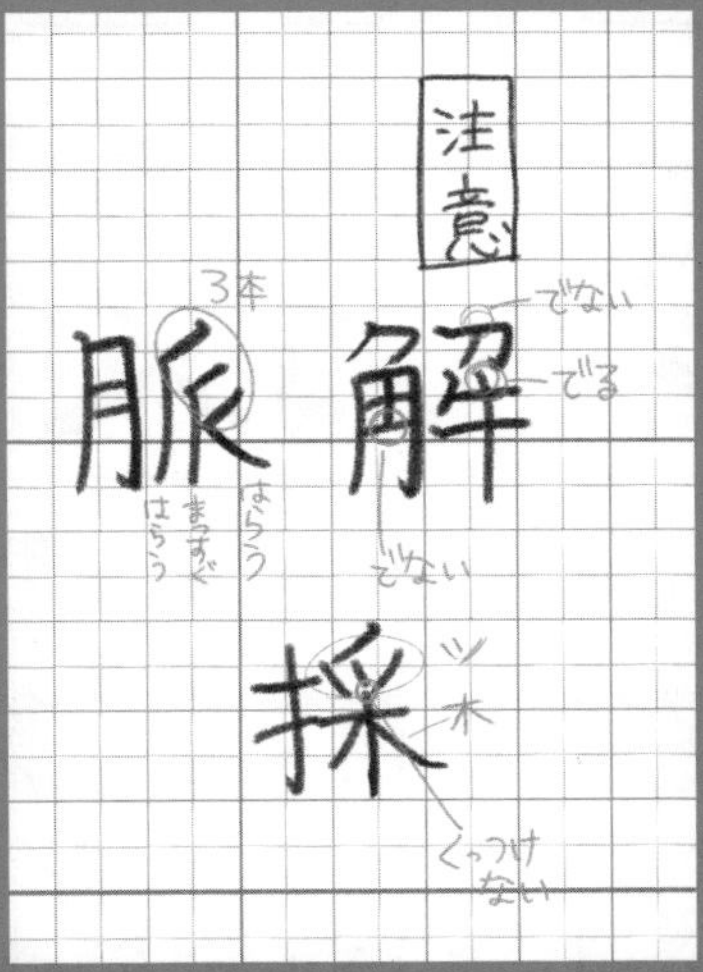

漢字学習 [10]

第2タームの5

今回はこれらの漢字を学習しよう。まずは指でなぞりながら、字の形や書き順を覚えよう。

似

+α 「ジ」という読み方もある。

とめる

音 —
訓 にる

おもな熟語	おもな使い方
似顔絵《にがおえ》・空似《そらに》・相似《そうじ》・類似《るいじ》・近似《きんじ》	似《に》ている姉妹《しまい》／似顔絵を描《か》く／他人の空似

示

+α 「シ」という読み方もある。「図示《ずし》」など。

はねる

音 ジ
訓 しめす

おもな熟語	おもな使い方
指示《しじ》・暗示《あんじ》・表示《ひょうじ》・提示《ていじ》・公示《こうじ》	手本を示《しめ》す／指示を出す／条件《じょうけん》を提示する

謝

+α 「謝《あやま》る」という読み方もある。

出す　はねる

音 シャ
訓 —

おもな熟語	おもな使い方
感謝《かんしゃ》・月謝《げっしゃ》・謝礼《しゃれい》・謝罪《しゃざい》・謝意《しゃい》	感謝の言葉／謝礼をはらう／謝意を伝える

舎

+α 「田舎《いなか》」という特別な読み方もある。

長く

音 シャ
訓 —

おもな熟語	おもな使い方
校舎《こうしゃ》・駅舎《えきしゃ》・宿舎《しゅくしゃ》・官舎《かんしゃ》・兵舎《へいしゃ》	学校の校舎／古い駅舎／寄宿舎《きしゅくしゃ》に入る

質

+α 「シチ」「チ」という読み方もある。「質屋《しちや》」「言質《げんち》」など。

音 シツ
訓 —

おもな熟語	おもな使い方
質問《しつもん》・質素《しっそ》・品質《ひんしつ》・物質《ぶっしつ》・本質《ほんしつ》	先生に質問する／質素な身なり／物事の本質

識

音 シキ
訓 —

おもな熟語	おもな使い方
意識《いしき》・知識《ちしき》・見識《けんしき》・識別《しきべつ》・識者《しきしゃ》	意識がもどる／知識が豊富《ほうふ》だ／顔を識別する

述

とめる　はらう

音 ジュツ
訓 のべる

おもな熟語	おもな使い方
述語《じゅつご》・記述《きじゅつ》・口述《こうじゅつ》・前述《ぜんじゅつ》・後述《こうじゅつ》	意見を述《の》べる／記述問題を解《と》く／口述試験

修

+α 「シュ」という読み方もある。「修行《しゅぎょう》」など。

わすれずに

音 シュウ
訓 おさまる　おさめる

おもな熟語	おもな使い方
修理《しゅうり》・修正《しゅうせい》・修整《しゅうせい》・改修《かいしゅう》・修学《しゅうがく》	学問を修《おさ》める／物を修理する／修学旅行に行く

授

+α 「授《さず》ける」「授《さず》かる」という読み方もある。

はらう

音 ジュ
訓 —

おもな熟語	おもな使い方
授業《じゅぎょう》・授賞《じゅしょう》・授受《じゅじゅ》・教授《きょうじゅ》・伝授《でんじゅ》	学校の授業／授賞式に出席する／大学の教授

読み

漢字の読みを覚えて、意味を知ろう。

何度も取り組むために、なるべく書き込まずにノートにけテぶれをしよう。

書き込んでしまったときは解答欄を紙で隠して答えが見えないようにしよう。

1回目 2回目 3回目

解答・解説 ▼別冊20ページ

□①部下に指示を出す。

□②似ている姉妹。

□③意識がもどる。

□④先生に質問する。

□⑤学校の校舎。

□⑥感謝の言葉。

□⑦学校の授業。

□⑧修学旅行に行く。

□⑨記述問題を解《と》く。

□⑩学問を修める。

□⑪手本を示す。

□⑫似顔絵を描《か》く。

□⑬顔を識別する。

□⑭質素な身なり。

□⑮寄宿舎に入る。

□⑯謝礼をはらう。

□⑰授賞式に出席する。

□⑱素行《そこう》が修まる。

□⑲意見を述べる。

□⑳建物を修理する。

①（　　）
②（　　）
③（　　）
④（　　）
⑤（　　）
⑥（　　）
⑦（　　）
⑧（　　）
⑨（　　）
⑩（　　）

⑪（　　）
⑫（　　）
⑬（　　）
⑭（　　）
⑮（　　）
⑯（　　）
⑰（　　）
⑱（　　）
⑲（　　）
⑳（　　）

「修まる」には「行いがまともになる」という意味があるんじゃ！

け 今日の意気込み・計画を書こう。

計画の例
漢字のみならず、四字熟語も覚える！

テ 今の実力を確認しよう。次のひらがなを漢字にしよう。

1回目 2回目 3回目

解答・解説 ▼別冊20ページ

① 部下にしじを出す。
② にている姉妹。
③ いしきがもどる。
④ 先生にしつもんする。
⑤ 学校のこうしゃ。
⑥ かんしゃの言葉。
⑦ 学校のじゅぎょう。
⑧ しゅうがく旅行に行く。
⑨ きじゅつ問題を解《と》く。
⑩ 学問をおさめる。
⑪ 手本をしめす。
⑫ にがおえを描《か》く。
⑬ 顔をしきべつする。
⑭ しっそな身なり。
⑮ きしゅくしゃに入る。
⑯ しゃれいをはらう。
⑰ じゅしょう式に出席する。
⑱ 素行《そこう》がおさまる。
⑲ 意見をのべる。
⑳ 建物をしゅうりする。

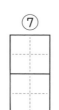

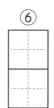

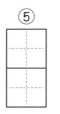

① ② ③ ④ ⑤ ⑥ ⑦ ⑧ ⑨ ⑩

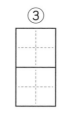

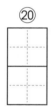

⑪ ⑫ ⑬ ⑭ ⑮ ⑯ ⑰ ⑱ ⑲ ⑳

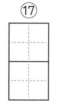

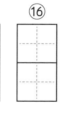

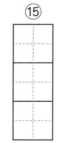

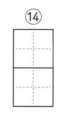

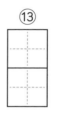

何度も取り組むために、なるべく書き込まずにノートにけテぶれをしよう。書き込んでしまったときは解答欄を紙で隠して答えが見えないようにすれば、もう一度ノートにけテぶれができるよ。

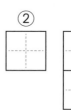

振り返って学習の分析をしよう！ノートや練習スペースで練習しよう！

実際にけテぶれをやってみて感じた、コツや難しさなどを分析しよう。

ぶ

分析をしてみよう！

分析の例

「識」と「謝」が難しい。意味と一《いっ》緒《しょ》に覚える。
「修」の縦の画を忘れた。
「述」の点を忘れた。

れ

練習をしよう！

＋αの学習

● 余裕《よゆう》があれば、習っていない漢字や四字熟語、ことわざなんかも調べよう。

● けテぶれを使った学習では、100点以上取れる仕組みがあるんだ。たとえば、漢字の書き順を説明しているページの＋αを学んでみよう。＋αでは、難しい読み方・熟語、中学校で習うことなどを解説しているよ。ここまでできれば、120点、150点、200点ともいえるね！　できる子はどんどん進めていこう。けテぶれを回し続けられるなら、難しい範囲でもちゃんと学習を進めていけるはずだよ。

のテスト

1 漢字の読み方を書こう。

何度も取り組むために、なるべく書き込まずにノートで練習しよう。

1回目 2回目 3回目

解答 ▼別冊42ページ

① 意見に賛同する。
② 耕地の面積を測《はか》る。
③ 異物《いぶつ》が混入する。
④ 個室を希望《きぼう》する。
⑤ 実際にあった話。
⑥ 再び会う日まで。
⑦ 必殺技《わざ》を見せる。
⑧ 保険に入る。
⑨ 学者を志す。
⑩ 隣《となり》同士になる。
⑪ 対立の構図。
⑫ 在りし日の母。
⑬ 罪《つみ》を告白する。
⑭ 支点と力点。
⑮ 雑木林で遊ぶ。
⑯ 寒いので厚着をする。
⑰ 映画《えいが》の興行収入《しゅうにゅう》。
⑱ 検定試験《しけん》を受ける。
⑲ 護岸工事が行われる。
⑳ 妻子と暮《く》らす。
㉑ 船で航行する。
㉒ 心から謝罪する。
㉓ 防災活動に参加する。
㉔ 酸性の液体《えきたい》。
㉕ 人数が減少する。
㉖ 史実に基づく映画《えいが》。
㉗ 大学で講義を聞く。
㉘ 建物を修理する。
㉙ 昆虫《こんちゅう》採集をする。
㉚ 車を故意にぶつける。
㉛ 持ち物を検査する。
㉜ 財産を築《きず》く。
㉝ すがたを現す。
㉞ 鉱物の標本。
㉟ 入学を志願する。
㊱ 記述問題を解《と》く。
㊲ 顔を識別する。
㊳ 先生に師事する。
㊴ 学校の授業。
㊵ 事業の資金。
㊶ 質素な身なり。
㊷ 時間を限る。
㊸ 手本を示す。
㊹ うさぎを飼育する。
㊺ 寄宿舎に入る。
㊻ 勉強の効果が出る。
㊼ 素行《そこう》が修まる。
㊽ 似顔絵を描《か》く。
㊾ 謝礼をはらう。
㊿ 枝豆を食べる。

第２ターム

2 漢字にして書こう。

何度も取り組むために、なるべく書き込まずにノートで練習しよう。

1回目 2回目 3回目

解答 ▼別冊42ページ

①友人にさいかいする。
②ちょうさ結果の発表。
③家族をささえる。
④げんじつ的に考える。
⑤会社のしほん金。
⑥さいがいに備《そな》える。
⑦ざつだんをする。
⑧先生にしつもんする。
⑨こじんの意見の尊重《そんちょう》。
⑩じゅしょう式に出る。
⑪じつざいの人物。
⑫畑をたがやす。
⑬選手のしきが上がる。
⑭絵にきょうみがある。
⑮犬をかっている。
⑯けわしい表情《ひょうじょう》。
⑰こくさい問題になる。
⑱材料をまぜる。
⑲いしきがもどる。
⑳やせて体重がへる。
㉑かんしゃの言葉。
㉒ねこをほごする。
㉓彼女《かのじょ》は私《わたし》のつまです。
㉔しぼうの中学に入る。
㉕こうくう機に乗る。
㉖意見をのべる。
㉗夏期こうしゅう。
㉘学校のこうしゃ。
㉙車のてんけんをする。
㉚息をころす。
㉛剣《けん》をかまえる。
㉜森でえだを拾う。
㉝何事もげんどがある。
㉞しゅうがく旅行。
㉟こうざんで働く。
㊱しじょう最高の気温。
㊲春をつげる鳥。
㊳鉄がさんかする。
㊴私の母はいしだ。
㊵車でじこを起こす。
㊶部下にしじを出す。
㊷一代でざいを成す。
㊸さんせいと反対。
㊹にている姉妹。
㊺薬がきく。
㊻兄はいしが強い。
㊼社員をとる。
㊽学問をおさめる。
㊾つみをみとめる。
㊿あつい本を読む。

振り返って、学習の大分析をしよう。次の学習の計画を立てよう。

第２タームは「漢字の学習」をしっかりと深めるためのアドバイスをしてきました。学習を深めるための視点を思い出しながら、学習を分析して、次の計画を立ててくださいね。

＋：うまくいったこと・成長したこと	−：うまくいかなかったこと・失敗したこと	→：次はどうするか

実際にけテぶれをやってみて感じた、コツや難しさなどを分析しよう。

まずは量。そこから質

漢字学習に限らず、学習はまずは「量」が大事です。漢字でいえば、漢字の書き取りは何回もしたほうが定着しますよね。ただ、やみくもに「量」だけをこなしていては効率が悪いこともあります。何度も同じミスをしたり、覚えたはずなのにテストで書けなかったりした経験はありますよね。第1ターム・第2タームでけテぶれに慣れてきたはずです。次のタームからは、「質」の向上を意識していきましょう。1回の学習で覚えたり、できるようになったりすることを多くしていけるように工夫していきましょう。

大分析をふまえて、次の学習のための大計画を書こう。

いつまでに覚える？〈　月　日〉

／	／	／	／	／	／	／
／	／	／	／	／	／	／

第１タームでは、20問の漢字を覚えるための「大計画」を立ててみましたね。それを40問に増やしてみましょう。今までやってきた「けテぶれ」の感覚を思い出して、自分なら40問の漢字をどれくらいの期間で覚えられるかな、と考えて、大計画を作ってみましょう。

上の表は２週間分の計画がたてられるようになっています。もっと少ない期間でできる！という人は、60問、80問と目標を大きくしてもいいですし、２週間では40問も覚えられない！という人は目標を小さくしてもOKですよ。表はノートに書いてもいいですよ。

漢字学習 [11]

第３タームの１

今回はこれらの漢字を学習しよう。まずは指でなぞりながら、字の形や書き順を覚えよう。

準

長く

音 ジュン
訓 ―

おもな熟語：準備《じゅんび》・基準《きじゅん》・水準《すいじゅん》・標準《ひょうじゅん》・準用《じゅんよう》

おもな使い方：旅行の準備／基準を定める／前例に準《じゅん》ずる

術

はねる

音 ジュツ
訓 ―

おもな熟語：芸術《げいじゅつ》・話術《わじゅつ》・学術《がくじゅつ》・技術《ぎじゅつ》・術中《じゅっちゅう》

おもな使い方：芸術の秋／話術に長《た》ける／術中におちいる

象

音 ショウ ゾウ
訓 ―

おもな熟語：印象《いんしょう》・対象《たいしょう》・気象《きしょう》・現象《げんしょう》・象形《しょうけい》

おもな使い方：動物園で象《ぞう》を見る／第一印象／気象情報《じょうほう》

証

音 ショウ
訓 ―

おもな熟語：証人《しょうにん》・証言《しょうげん》・証明《しょうめい》・保証《ほしょう》・証書《しょうしょ》

おもな使い方：裁判《さいばん》の証人／事件《じけん》の証言／保証書を読む

招

はねる

音 ショウ
訓 まねく

おもな熟語：招待《しょうたい》・招集《しょうしゅう》・招致《しょうち》

おもな使い方：家に招《まね》く／友人を招待する／選手を招集する

序

はねる

音 ジョ
訓 ―

おもな熟語：順序《じゅんじょ》・序列《じょれつ》・序章《じょしょう》・序曲《じょきょく》・序文《じょぶん》

おもな使い方：順序よく並《なら》ぶ／本題前の序章／本の序文を書く

常

はねる

+α 「とこ」という読み方もある。「常夏《とこなつ》」など。

音 ジョウ
訓 つね

おもな熟語：常識《じょうしき》・非常《ひじょう》・日常《にちじょう》・正常《せいじょう》・常用《じょうよう》

おもな使い方：常《つね》に冷静だ／非常口をさがす／日常の出来事

状

わすれずに

音 ジョウ
訓 ―

おもな熟語：状態《じょうたい》・白状《はくじょう》・病状《びょうじょう》・年賀状《ねんがじょう》

おもな使い方：状態が良い／秘密《ひみつ》を白状する／年賀状を出す

条

はらう

音 ジョウ
訓 ―

おもな熟語：条文《じょうぶん》・条件《じょうけん》・条例《じょうれい》・条約《じょうやく》・信条《しんじょう》

おもな使い方：憲法《けんぽう》の条文／条件を出す／条約を結ぶ

賞

音 ショウ
訓 ―

おもな熟語：賞品《しょうひん》・賞金《しょうきん》・賞賛《しょうさん》・入賞《にゅうしょう》・観賞《かんしょう》

おもな使い方：一等の賞品／賞金を獲得《かくとく》する／八位に入賞する

読み

漢字の読みを覚えて、意味を知ろう。

何度も取り組むために、なるべく書き込まずにノートにけテぶれをしよう。
書き込んでしまったときは解答欄を紙で隠して答えが見えないようにしよう。

□ 1回目　□ 2回目　□ 3回目

解答・解説 ▼別冊22ページ

□ ① 話術に長《た》ける。
□ ② 前例に準ずる。
□ ③ 順序よく並ぶ。
□ ④ 知人を家に招く。
□ ⑤ 裁判《さいばん》の証人。
□ ⑥ 動物園で象を見る。
□ ⑦ 一等の賞品。
□ ⑧ 憲法《けんぽう》の条文を読む。
□ ⑨ 秘密《ひみつ》を白状する。
□ ⑩ 常に冷静だ。
□ ⑪ 芸術の秋。
□ ⑫ 旅行の準備。
□ ⑬ 本の序文を書く。
□ ⑭ 友人を招待する。
□ ⑮ 事件《じけん》の証言をする。
□ ⑯ 第一印象が良い。
□ ⑰ 賞金を獲得《かくとく》する。
□ ⑱ 条件を出す。
□ ⑲ 年賀状を出す。
□ ⑳ 日常の出来事。

① （　　）
② （　　）
③ （　　）
④ （　　）
⑤ （　　）
⑥ （　　）
⑦ （　　）
⑧ （　　）
⑨ （　　）
⑩ （　　）
⑪ （　　）
⑫ （　　）
⑬ （　　）
⑭ （　　）
⑮ （　　）
⑯ （　　）
⑰ （　　）
⑱ （　　）
⑲ （　　）
⑳ （　　）

「象」は「(動物の)象」という意味の他に、「目に見える形」という意味もあるのよ。

け 今日の意気込み・計画を書こう。

計画の例
「テスト」の日を決めて取り組んでみる。

テ 今の実力を確認しよう。次のひらがなを漢字にしよう。

1回目 2回目 3回目

解答・解説 ▼別冊22ページ

①わじゅつに長《た》ける。
②前例にじゅんずる。
③じゅんじょよく並ぶ。
④知人を家にまねく。
⑤裁判《さいばん》のしょうにん。
⑥動物園でぞうを見る。
⑦一等のしょうひん。
⑧憲法《けんぽう》のじょうぶんを読む。
⑨秘密《ひみつ》をはくじょうする。
⑩つねに冷静だ。
⑪げいじゅつの秋。
⑫旅行のじゅんび。
⑬本のじょぶんを書く。
⑭友人をしょうたいする。
⑮事件《じけん》のしょうげんをする。
⑯第一いんしょうが良い。
⑰しょうきんを獲得《かくとく》する。
⑱じょうけんを出す。
⑲ねんがじょうを出す。
⑳にちじょうの出来事。

①　②　③　④　⑤　⑥　⑦　⑧　⑨　⑩

⑪　⑫　⑬　⑭　⑮　⑯　⑰　⑱　⑲　⑳

何度も取り組むために、なるべく書き込まずにノートにけテぶれをしよう。
書き込んでしまったときは解答欄を紙で隠して答えが見えないようにすれば、
もう一度ノートにけテぶれができるよ。

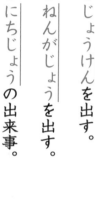

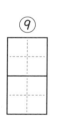

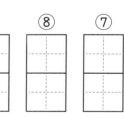

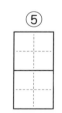

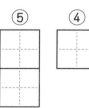

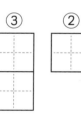

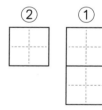

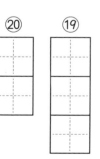

振り返って学習の分析をしよう！ノートや練習スペースで練習しよう！

実際にけテぶれをやってみて感じた、コツや難しさなどを分析しよう。

ぶ　分析をしてみよう！

分析の例

「術」の中がうまく書けなかった。

「状」の点を忘れた。

←

れ　練習をしよう！

テストの日を決めよう

● テストの日を自分で決めてカレンダーなどに書き込んでみよう。「ゴール」を決めることで、学習の質が上がってくるはずだよ。

● 通常、10文字を覚えるためには1週間ほど使います。なので、大テストのタイミングは、5週間後、漢字が得意な人はわかりやすく1カ月後、などがいいでしょう。

● 大計画では、2週間分の計画を立ててみましたが、このタームの最終チェックである50問テストの日を決めてしまうのもいいでしょう。

漢字学習［12］

第３タームの２

今回はこれらの漢字を学習しよう。まずは指でなぞりながら、字の形や書き順を覚えよう。

情
+α

音：ジョウ
訓：なさけ

おもな熟語：情報《じょうほう》・情熱《じょうねつ》・友情《ゆうじょう》・愛情《あいじょう》・情景《じょうけい》

おもな使い方：情《なさ》け深い人／情熱を傾《かたむ》ける／美しい友情

「風情《ふぜい》」という特別な読み方もある。

織
+α

音：シキ
訓：おる

おもな熟語：組織《そしき》・織物《おりもの》・羽織《はおり》

おもな使い方：会社の組織図／絹《きぬ》の織物／羽織を着る

「ショク」という読み方もある。「織機《しょっき》」「染織《せんしょく》」など。

職

音：ショク
訓：—

おもな熟語：職業《しょくぎょう》・職員《しょくいん》・職責《しょくせき》・定職《ていしょく》・辞職《じしょく》

おもな使い方：職業をたずねる／定職につく／大臣が辞職する

制

音：セイ
訓：—

おもな熟語：制度《せいど》・制定《せいてい》・制服《せいふく》・制限《せいげん》・体制《たいせい》

おもな使い方：教育制度／制服を着る／制限速度を守る

性
+α

音：セイ
訓：—

おもな熟語：性質《せいしつ》・性格《せいかく》・個性《こせい》・理性《りせい》・同性《どうせい》

おもな使い方：やさしい性格／個性的／理性を保《たも》つ

「ショウ」という読み方もある。「性分《しょうぶん》」「気性《きしょう》」など。

政
+α

音：セイ
訓：—

おもな熟語：政治《せいじ》・政府《せいふ》・行政《ぎょうせい》・政見《せいけん》・政局《せいきょく》

おもな使い方：政治に参加する／日本の政府／政見放送を見る

「ショウ」という音読み、「まつりごと」という訓読みもある。

勢

音：セイ
訓：いきおい

おもな熟語：勢力《せいりょく》・大勢《おおぜい》・情勢《じょうせい》・運勢《うんせい》・多勢《たぜい》

おもな使い方：勢《いきお》いに乗る／台風の勢力／多勢に無勢《ぶぜい》

精
+α

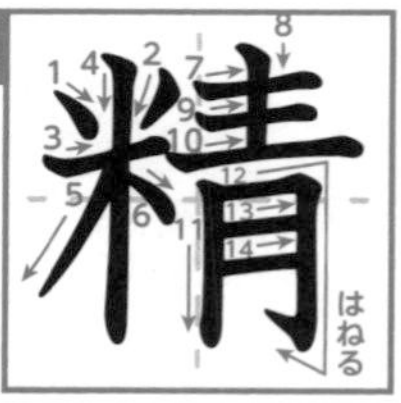

音：セイ
訓：—

おもな熟語：精度《せいど》・精算《せいさん》・精根《せいこん》・精読《せいどく》・精米《せいまい》

おもな使い方：時計の精度／料金を精算する／精根つきはてる

「ショウ」という読み方もある。「精進《しょうじん》」など。

製

音：セイ
訓：—

おもな熟語：製品《せいひん》・製本《せいほん》・製造《せいぞう》・製薬《せいやく》・特製《とくせい》

おもな使い方：新製品の発表／製薬会社／母特製のカレー

税

音：ゼイ
訓：—

おもな熟語：税金《ぜいきん》・税率《ぜいりつ》・税務《ぜいむ》・減税《げんぜい》・関税《かんぜい》

おもな使い方：税金を納《おさ》める／税務署《しょ》に行く／関税を課《か》す

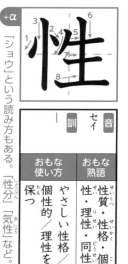

読み 漢字の読みを覚えて、意味を知ろう。

何度も取り組むために、なるべく書き込まずにノートにけテぶれをしよう。

書き込んでしまったときは解答欄を紙で隠して答えが見えないようにしよう。

1回目
2回目
3回目

▼別冊24ページ 解答・解説

□①情熱を傾《かたむ》ける。
□②会社の組織図。
□③職業をたずねる。
□④教育制度を考える。
□⑤やさしい性格の犬。
□⑥政治に参加する。
□⑦台風の勢力。
□⑧料金を精算する。
□⑨新製品の発表。
□⑩税金を納める。

□⑪情け深い人。
□⑫絹《きぬ》の織物。
□⑬大臣が辞職する。
□⑭制限速度を守る。
□⑮個性的な人物。
□⑯政見放送を見る。
□⑰勢いに乗る。
□⑱精根つきはてる。
□⑲母特製のカレー。
□⑳税務署《しょ》に行く。

①（　　）
②（　　）
③（　　）
④（　　）
⑤（　　）
⑥（　　）
⑦（　　）
⑧（　　）
⑨（　　）
⑩（　　）

⑪（　　）
⑫（　　）
⑬（　　）
⑭（　　）
⑮（　　）
⑯（　　）
⑰（　　）
⑱（　　）
⑲（　　）
⑳（　　）

け 今日の意気込み・計画を書こう。

計画の例

漢字学習が楽しくなってきたから、今日は20問一気にやる。

テ 今の実力を確認しよう。次のひらがなを漢字にしよう。

1回目
2回目
3回目

解答・解説 ▼別冊24ページ

① じょうねつを傾《かたむ》ける。
② 会社のそしき図。
③ しょくぎょうをたずねる。
④ 教育せいどを考える。
⑤ やさしいせいかくの犬。
⑥ せいじに参加する。
⑦ 台風のせいりょく。
⑧ 料金をせいさんする。
⑨ 新せいひんの発表。
⑩ ぜいきんを納める。
⑪ なさけ深い人。
⑫ 絹《きぬ》のおりもの。
⑬ 大臣がじしょくする。
⑭ せいげん速度を守る。
⑮ こせい的な人物。
⑯ せいけん放送を見る。
⑰ いきおいに乗る。
⑱ せいこんつきはてる。
⑲ 母とくせいのカレー。
⑳ ぜいむ署《しょ》に行く。

① ② ③ ④ ⑤ ⑥ ⑦ ⑧ ⑨ ⑩

⑪ ⑫ ⑬ ⑭ ⑮ ⑯ ⑰ ⑱ ⑲ ⑳

何度も取り組むために、なるべく書き込まずにノートにけテぶれをしよう。

書き込んでしまったときは解答欄を紙で隠して答えが見えないようにすれば、もう一度ノートにけテぶれができるよ。

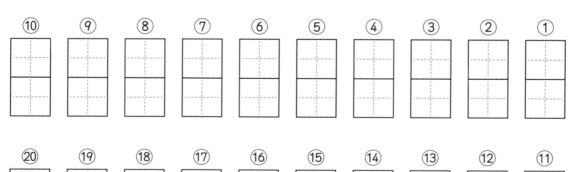

振り返って学習の分析をしよう！ノートや練習スペースで練習しよう！

実際にけテぶれをやってみて感じた、コツや難しさなどを分析しよう。

ぶ 分析をしてみよう！

分析の例

「織」と「職」は右が一緒だけど、意味が結構違った。
「勢」の上がよくわかっていなかった。

れ 練習をしよう！

けテぶれルーブリック

● けテぶれルーブリックで、振り返ろう。

	計画	テスト	分析	練習
☆	大計画と、今の進み具合を考えて勉強をする	自分なりのルールを決めてテストする	“＋、－、→”の理由をはっきり書く	【量×質】を意識する、たくさん練習する、図や文章で説明する
◎	テストまでの大計画を立てる	間違えた問題にチェックする	＋：よかったこと、－：ダメだったこと、→：これからどうすればよいか　を書く	【質】学習方法を工夫する、いろいろな学習方法を試す
○	目的をもった計画を立てる	正確に丸付けをする、間違いを見逃さない	やってみた結果を書く、感想を書く（くやしい、うれしいなど）	【量】たくさん練習する、苦手なところをひたすら練習する
×	目的がない、何も考えずに宿題を始める	丸付けをしない、雑に丸付けをする、答えをみる	書いていない、考えて書いていない	量が少ない、適当にする

漢字学習［13］

第３タームの３

今回はこれらの漢字を学習しよう。まずは指でなぞりながら、字の形や書き順を覚えよう。

績

音 セキ
訓 ―

おもな熟語：成績《せいせき》・実績《じっせき》・業績《ぎょうせき》・功績《こうせき》・事績《じせき》

おもな使い方：成績が上がる／実績を上げる／功績を残す

責

音 セキ
訓 せめる

おもな熟語：責任《せきにん》・責務《せきむ》・自責《じせき》・引責《いんせき》・重責《じゅうせき》

おもな使い方：失敗を責《せ》める／責任を感じる／自責の念

祖

音 ソ
訓 ―

おもな熟語：祖先《そせん》・祖父《そふ》・祖母《そぼ》・祖国《そこく》・先祖《せんぞ》

おもな使い方：先祖を敬《うやま》う／祖父母に会う／祖国に帰る

絶

音 ゼツ
訓 たえる　たやす　たつ

おもな熟語：絶対《ぜったい》・絶食《ぜっしょく》・絶好《ぜっこう》・絶交《ぜっこう》・絶望《ぜつぼう》

おもな使い方：連絡《れんらく》が絶《た》える／絶対多数で勝つ／絶好の機会

設

音 セツ
訓 もうける

おもな熟語：設備《せつび》・設置《せっち》・設計《せっけい》・仮設《かせつ》・設営《せつえい》

おもな使い方：席を設《もう》ける／学校の設備／キャンプの設営

接 ＋α

音 セツ
訓 ―

おもな熟語：接続《せつぞく》・接近《せっきん》・直接《ちょくせつ》・間接《かんせつ》・面接《めんせつ》

おもな使い方：接続語をさがす／電車が接近する／直接話す

「つぐ」という読み方もある。「接《つ》ぎ木」など。

像

音 ゾウ
訓 ―

おもな熟語：想像《そうぞう》・画像《がぞう》・仏像《ぶつぞう》・石像《せきぞう》・現像《げんぞう》

おもな使い方：人魚の像《ぞう》／想像上の動物／仏像を見る

造

音 ゾウ
訓 つくる

おもな熟語：製造《せいぞう》・木造《もくぞう》・造園《ぞうえん》・造形《ぞうけい》・造船《ぞうせん》

おもな使い方：船を造《つく》る／木造の家／造園業を営《いとな》む

総

音 ソウ
訓 ―

おもな熟語：総合《そうごう》・総力《そうりょく》・総員《そういん》・総勢《そうぜい》・総画《そうかく》

おもな使い方：総合的な学習／総力を挙げる／総画数を調べる

素 ＋α

音 ソ
訓 ―

おもな熟語：素行《そこう》・素材《そざい》・素質《そしつ》・平素《へいそ》・要素《ようそ》

おもな使い方：素行が悪い／素材を大切にする／絵の素質

「ス」という読み方もある。「素直《すなお》」など。

読み

漢字の読みを覚えて、意味を知ろう。

何度も取り組むために、なるべく書き込まずにノートにけテぶれをしよう。

書き込んでしまったときは解答欄を紙で隠して答えが見えないようにしよう。

1回目
2回目
3回目

解答・解説 ▼別冊26ページ

□①責任を感じる。

□②成績が上がる。

□③接続語をさがす。

□④学校の設備。

□⑤絶対多数で勝つ。

□⑥先祖を敬《うやま》う。

□⑦素行が悪い。

□⑧総合的な学習。

□⑨木造の家。

□⑩人魚の像。

□⑪失敗を責める。

□⑫実績を上げる。

□⑬電車が接近する。

□⑭一席設ける。

□⑮連絡《れんらく》が絶える。

□⑯祖父母に会う。

□⑰絵の素質がある。

□⑱総力を挙げる。

□⑲船を造る。

□⑳想像上の動物。

①（　　）
②（　　）
③（　　）
④（　　）
⑤（　　）
⑥（　　）
⑦（　　）
⑧（　　）
⑨（　　）
⑩（　　）

⑪（　　）
⑫（　　）
⑬（　　）
⑭（　　）
⑮（　　）
⑯（　　）
⑰（　　）
⑱（　　）
⑲（　　）
⑳（　　）

け 今日の意気込み・計画を書こう。

計画の例
今日は「量」より「質」に注目して学習する。

テ 今の実力を確認しよう。次のひらがなを漢字にしよう。

1回目　2回目　3回目

解答・解説 ▼別冊26ページ

①せきにんを感じる。
②せいせきが上がる。
③せつぞく語をさがす。
④学校のせつび。
⑤ぜったい多数で勝つ。
⑥せんぞを敬《うやま》う。
⑦そこうが悪い。
⑧そうごう的な学習。
⑨もくぞうの家。
⑩人魚のぞう。
⑪失敗をせめる。
⑫じっせきを上げる。
⑬電車がせっきんする。
⑭一席もうける。
⑮連絡《れんらく》がたえる。
⑯そふぼに会う。
⑰絵のそしつがある。
⑱そうりょくを挙げる。
⑲船をつくる。
⑳そうぞう上の動物。

① ② ③ ④ ⑤ ⑥ ⑦ ⑧ ⑨ ⑩

⑪ ⑫ ⑬ ⑭ ⑮ ⑯ ⑰ ⑱ ⑲ ⑳

何度も取り組むために、なるべく書き込まずにノートにけテぶれをしよう。書き込んでしまったときは解答欄を紙で隠して答えが見えないようにすれば、もう一度ノートにけテぶれができるよ。

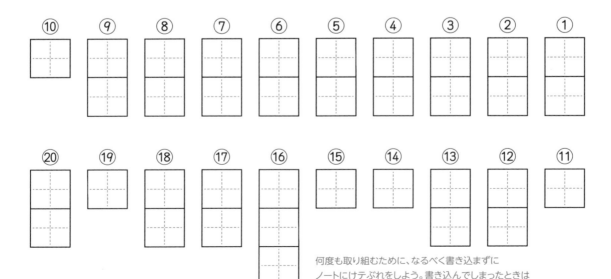

振り返って学習の分析をしよう！ノートや練習スペースで練習しよう！

実際にけテぶれをやってみて感じた、コツや難しさなどを分析しよう。

ぶ 分析をしてみよう！

分析の例
今日は右側に注意が必要な漢字が多かった。「績」や「設」の右側がわかっていなかった。

れ 練習をしよう！

練習の新しい方法にチャレンジ

- 「練習」の方法から、どんどん新しいことにチャレンジしてみよう。
- 絵を書く、語呂合わせをつくる、部首に着目する、などいろいろな学習の方法があるはずだよ。
- 座って勉強するだけじゃなくてもいいはずだよね。歩いて音読をしてみたり、いつもと違う場所、違う時間でやってみたり。
- やる気が出ないときこそ「変化」を加えよう！

漢字学習【14】

第３タームの４

今回はこれらの漢字を学習しよう。まずは指でなぞりながら、字の形や書き順を覚えよう。

則

はねる

音：ソク
訓：—

おもな熟語：規則《きそく》・原則《げんそく》・校則《こうそく》・反則《はんそく》・法則《ほうそく》

おもな使い方：規則を守る／校則に違反《いはん》する／反則行為《こうい》をする

増

音：ゾウ
訓：ます　ふえる　ふやす

おもな熟語：増加《ぞうか》・増減《ぞうげん》・増大《ぞうだい》・増進《ぞうしん》・急増《きゅうぞう》

おもな使い方：水かさが増《ま》す／体重が増《ふ》える／人口の増加

貸

+α 「タイ」という読み方もある。

はねる

音：—
訓：かす

おもな熟語：貸家《かしや》・貸間《かしま》・貸借《たいしゃく》・賃貸《ちんたい》

おもな使い方：本《ほん》を貸《か》す／貸家を借りる／江戸《えど》の貸本屋

損

+α 「損《そこ》なう」「損《そこ》ねる」という読み方もある。

音：ソン
訓：—

おもな熟語：損得《そんとく》・損失《そんしつ》・損益《そんえき》・損害《そんがい》・破損《はそん》

おもな使い方：損失を被《こうむ》る／損害保険《ほけん》に入る／株《かぶ》で損《そん》をする

属

はねる

音：ゾク
訓：—

おもな熟語：付属《ふぞく》・金属《きんぞく》・所属《しょぞく》・配属《はいぞく》・属性《ぞくせい》

おもな使い方：文学部に属《ぞく》する／金属探知機《たんちき》／配属先が決まる

測

はねる

音：ソク
訓：はかる

おもな熟語：測定《そくてい》・観測《かんそく》・予測《よそく》・測量《そくりょう》

おもな使い方：身長を測《はか》る／気《き》象《しょう》観測／土地の測量

団

+α 「トン」という読み方もある。「布団《ふとん》」など。

音：ダン
訓：—

おもな熟語：団結《だんけつ》・団体《だんたい》・団地《だんち》・集団《しゅうだん》・入団《にゅうだん》

おもな使い方：チームで団結する／団体行動／集団で登校する

態

下を「灬」としない

音：タイ
訓：—

おもな熟語：態度《たいど》・態勢《たいせい》・事態《じたい》・状態《じょうたい》・形態《けいたい》

おもな使い方：態度を改める／事態の悪化／建物の状態

読み

漢字の読みを覚えて、意味を知ろう。

何度も取り組むために、なるべく書き込まずにノートにけテぶれをしよう。

書き込んでしまったときは解答欄を紙で隠して答えが見えないようにしよう。

1回目 □　2回目 □　3回目 □

▼解答・解説 別冊28ページ

□ ① 水かさが増す。

□ ② 校則を守る。

□ ③ 身長を測る。

□ ④ 文学部に属する。

□ ⑤ 気象観測を行う。

□ ⑥ 株《かぶ》で損をする。

□ ⑦ 人数の増減。

□ ⑧ 友人に本を貸す。

□ ⑨ 態度を改める。

□ ⑩ 団体行動の権利《けんり》。

□ ⑪ 人口の増加。

□ ⑫ 反則行為《こうい》をする。

□ ⑬ 土地の測量。

□ ⑭ 配属先が決まる。

□ ⑮ 結果を予測する。

□ ⑯ 損失を被《こうむ》る。

□ ⑰ 食欲《しょくよく》を増進させる。

□ ⑱ 江戸《えど》の貸本屋。

□ ⑲ 事態が悪化する。

□ ⑳ チームで団結する。

①（　　）　⑪（　　）

②（　　）　⑫（　　）

③（　　）　⑬（　　）

④（　　）　⑭（　　）

⑤（　　）　⑮（　　）

⑥（　　）　⑯（　　）

⑦（　　）　⑰（　　）

⑧（　　）　⑱（　　）

⑨（　　）　⑲（　　）

⑩（　　）　⑳（　　）

「測」と「則」は形が似《に》ているから注意が必要ですね。

け 今日の意気込み・計画を書こう。

計画の例
今日は普段と違った場所で勉強してみる！

テ 今の実力を確認しよう。次のひらがなを漢字にしよう。

1回目 2回目 3回目

解答・解説 ▼別冊28ページ

①水かさがます。
②こうそくを守る。
③身長をはかる。
④文学部にぞくする。
⑤気象かんそくを行う。
⑥株《かぶ》でそんをする。
⑦人数のぞうげん。
⑧友人に本をかす。
⑨たいどを改める。
⑩だんたい行動の権利《けんり》。
⑪人口のぞうか。
⑫はんそく行為《こうい》をする。
⑬土地のそくりょう。
⑭はいぞく先が決まる。
⑮結果をよそくする。
⑯そんしつを被《こうむ》る。
⑰食欲をぞうしんさせる。
⑱江戸《えど》のかしほん屋。
⑲じたいが悪化する。
⑳チームでだんけつする。

① ② ③ ④ ⑤ ⑥ ⑦ ⑧ ⑨ ⑩

⑪ ⑫ ⑬ ⑭ ⑮ ⑯ ⑰ ⑱ ⑲ ⑳

何度も取り組むために、なるべく書き込まずにノートにけテぶれをしよう。

書き込んでしまったときは解答欄を紙で隠して答えが見えないようにすれば、もう一度ノートにけテぶれができるよ。

振り返って学習の分析をしよう！ノートや練習スペースで練習しよう！

実際にけテぶれをやってみて感じた、コツや難しさなどを分析しよう。

ぶ　分析をしてみよう！

分析の例
「属」が全然書けなかった。「貸」の点をしっかり書く。

れ　練習をしよう！

計画・分析の新しい視点にチャレンジ

● 「計画・分析」では、WHATとHOW、内容と方法に着目しよう。
WHAT：今日は何をやるか、何をやったか。
HOW：今日はどうやって勉強するか。どうやって勉強したか。

WHAT：今日は①〜⑩
までを10分以内でやる！
今日はもう3日目なので
①〜⑳までをやって、3
問間違いまででおさえる！
HOW：いつも丸付けを
間違えてしまうので、今
日は答えをよく見てゆっ
くり丸付けをする！

漢字学習 [15]

第3タームの5

今回はこれらの漢字を学習しよう。まずは指でなぞりながら、字の形や書き順を覚えよう。

断

+α 「断《た》つ」という読み方もある。

音：ダン
訓：ことわる

おもな熟語：断言《だんげん》・断絶《だんぜつ》・切断《せつだん》・決断《けつだん》・無断《むだん》

おもな使い方：断言する／無断で入る／申し出を断《ことわ》る

築

音：チク
訓：きずく

おもな熟語：建築《けんちく》・新築《しんちく》・改築《かいちく》・構築《こうちく》・築城《ちくじょう》

おもな使い方：城を築《きず》く／ビルの建築／家を改築する

貯

音：チョ
訓：—

おもな熟語：貯金《ちょきん》・貯水《ちょすい》・貯蔵《ちょぞう》・貯蓄《ちょちく》

おもな使い方：貯金をする／貯水池をつくる／食品の貯蔵

張

音：チョウ
訓：はる

おもな熟語：出張《しゅっちょう》・主張《しゅちょう》・張力《ちょうりょく》・張本人《ちょうほんにん》

おもな使い方：おなかが張《は》る／海外に出張する／事件《じけん》の張本人

停

音：テイ
訓：—

おもな熟語：停車《ていしゃ》・停電《ていでん》・停止《ていし》・停留所《ていりゅうじょ》

おもな使い方：各駅停車／落雷《らくらい》で停電する／バスの停留所

提

+α 「提《さ》げる」という読み方もある。

音：テイ
訓：—

おもな熟語：提案《ていあん》・提出《ていしゅつ》・提示《ていじ》・提起《ていき》・前提《ぜんてい》

おもな使い方：会議で提案する／宿題を提出する／前提条件《じょうけん》

程

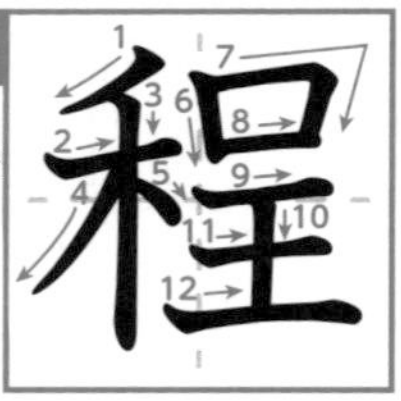

+α 「程《ほど》」という読み方もある。

音：テイ
訓：—

おもな熟語：程度《ていど》・日程《にってい》・音程《おんてい》・過程《かてい》・課程《かてい》

おもな使い方：学力の程度／日程を決める／教育課程

適

音：テキ
訓：—

おもな熟語：適切《てきせつ》・適当《てきとう》・適度《てきど》・適正《てきせい》・快適《かいてき》

おもな使い方：適切な対応《たいおう》／適度な運動／快適な温度

統

+α 「統《す》べる」という読み方もある。

音：トウ
訓：—

おもな熟語：統一《とういつ》・統合《とうごう》・統計《とうけい》・伝統《でんとう》・正統《せいとう》

おもな使い方：天下統一の野望／統計を出す／伝統を守る

読み

漢字の読みを覚えて、意味を知ろう。

何度も取り組むために、なるべく書き込まずにノートにけテぶれをしよう。

書き込んでしまったときは解答欄を紙で隠して答えが見えないようにしよう。

1回目　2回目　3回目

解答・解説 ▼別冊30ページ

□ ① 部屋に無断で入る。
□ ② ビルの建築。
□ ③ 貯金をする。
□ ④ 海外に出張する。
□ ⑤ 落雷で停電する。
□ ⑥ 宿題を提出する。
□ ⑦ 日程を決める。
□ ⑧ 適切な対応《たいおう》。
□ ⑨ 伝統を守る。
□ ⑩ 申し出を断る。
□ ⑪ はっきり断言する。
□ ⑫ 城を築く。
□ ⑬ 貯水池をつくる。
□ ⑭ おなかが張る。
□ ⑮ 各駅停車の電車。
□ ⑯ 会議で提案する。
□ ⑰ 学力の程度を見る。
□ ⑱ 適度な運動をする。
□ ⑲ 人口の統計を出す。
□ ⑳ 自分で決断する。

①（　）
②（　）
③（　）
④（　）
⑤（　）
⑥（　）
⑦（　）
⑧（　）
⑨（　）
⑩（　）
⑪（　）
⑫（　）
⑬（　）
⑭（　）
⑮（　）
⑯（　）
⑰（　）
⑱（　）
⑲（　）
⑳（　）

け 今日の意気込み・計画を書こう。

計画の例
今日は練習に時間をかける。
①～⑩を徹底的に練習する。

テ 今の実力を確認しよう。次のひらがなを漢字にしよう。

1回目
2回目
3回目

解答・解説 ▼別冊30ページ

① 部屋にむだんで入る。
② ビルのけんちく。
③ ちょきんをする。
④ 海外にしゅっちょうする。
⑤ 落雷でていでんする。
⑥ 宿題をていしゅつする。
⑦ にっていを決める。
⑧ てきせつな対応《たいおう》。
⑨ でんとうを守る。
⑩ 申し出をことわる。
⑪ はっきりだんげんする。
⑫ 城をきずく。
⑬ ちょすい池をつくる。
⑭ おなかがはる。
⑮ 各駅ていしゃの電車。
⑯ 会議でていあんする。
⑰ 学力のていどを見る。
⑱ てきどな運動をする。
⑲ 人口のとうけいを出す。
⑳ 自分でけつだんする。

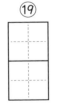

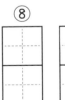

① ② ③ ④ ⑤ ⑥ ⑦ ⑧ ⑨ ⑩

⑪ ⑫ ⑬ ⑭ ⑮ ⑯ ⑰ ⑱ ⑲ ⑳

何度も取り組むために、なるべく書き込まずにノートにけテぶれをしよう。

書き込んでしまったときは解答欄を紙で隠して答えが見えないようにすれば、もう一度ノートにけテぶれができるよ。

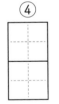

振り返って学習の分析をしよう！ノートや練習スペースで練習しよう！

実際にけテぶれをやってみて感じた、コツや難しさなどを分析しよう。

ぶ　分析をしてみよう！

分析の例

「築」の中の点に気を付ける。「貯金」という語句から「貯」を覚えたい。

れ　練習をしよう！

練習で賢くなる

● 「練習」を飛ばさないようにしよう。けテぶれに慣れてきたり、テストの結果がよかったりすると、つい「練習」がおろそかになりがちだ。でも、けテぶれは「練習」で賢くなる。今より賢くなるのが勉強だ！

不安な漢字
志す
保証
組織
混ぜる
印象
留める
眼鏡
耕す
禁止
困る
報告
清潔
居る

のテスト

1 漢字の読み方を書こう。

何度も取り組むために、なるべく書き込まずにノートで練習しよう。

1回目 2回目 3回目

解答▼別冊43ページ

①各駅停車の電車。
②秘密《ひみつ》を白状する。
③人数の増減。
④失敗を責める。
⑤木造の家。
⑥はっきり断言する。
⑦前例に準ずる。
⑧絶対多数で勝つ。
⑨日程を決める。
⑩母特製のカレー。
⑪配属先が決まる。
⑫反則行為《こうい》をする。
⑬第一印象が良い。
⑭土地の測量。
⑮事態が悪化する。
⑯政見放送を見る。
⑰事件《じけん》の証言をする。
⑱実績を上げる。
⑲適度な運動をする。
⑳勢いに乗る。
㉑一席設ける。
㉒城を築く。
㉓本の序文を書く。
㉔職業をたずねる。
㉕自分で決断する。
㉖やさしい性格の犬。
㉗祖父母に会う。
㉘おなかが張る。
㉙憲法《けんぽう》の条文を読む。
㉚総力を挙げる。
㉛チームを率いる。
㉜情熱を傾《かたむ》ける。
㉝賞金を獲得《かくとく》する。
㉞人魚の像。
㉟水かさが増す。
㊱絹《きぬ》の織物。
㊲貯水池をつくる。
㊳税務署《しょ》に行く。
㊴江戸《えど》の貸本屋。
㊵話術に長《た》ける。
㊶絵の素質がある。
㊷団体行動の権利《けんり》。
㊸日常の出来事。
㊹人口の統計を出す。
㊺精根つきはてる。
㊻電車が接近する。
㊼損失を被《こうむ》る。
㊽友人を招待する。
㊾会議で提案する。
㊿教育制度を考える。

第３ターム

2 漢字にして書こう。

何度も取り組むために、なるべく書き込まずにノートで練習しよう。

1回目　2回目　3回目

解答 ▼別冊43ページ

①せんぞを敬《うやま》う。
②なさけ深い人。
③気象かんそくを行う。
④知人を家にまねく。
⑤部屋にむだんで入る。
⑥友人に本をかす。
⑦一等のしょうひん。
⑧人口のぞうか。
⑨文学部にぞくする。
⑩つねに冷静だ。
⑪こせい的な人物。
⑫せつぞく語をさがす。
⑬ちょきんをする。
⑭そうごう的な学習。
⑮ねんがじょうを出す。
⑯学力のていどを見る。
⑰旅行のじゅんび。
⑱こうそくを守る。
⑲せいげん速度を守る。
⑳ビルのけんちく。
㉑じゅんじょよく並《なら》ぶ。
㉒宿題のていしゅつ。
㉓会社のそしき図。
㉔てきせつな対応《たいおう》。
㉕せいじに参加する。
㉖株《かぶ》でそんをする。
㉗げいじゅつの秋。
㉘海外しゅっちょう。
㉙新せいひんの発表。
㉚せきにんを感じる。
㉛たいどを改める。
㉜裁判《さいばん》のしょうにん。
㉝せいせきが上がる。
㉞チームのだんけつ。
㉟台風のせいりょく。
㊱学校のせつび。
㊲でんとうを守る。
㊳動物園でぞうを見る。
㊴船をつくる。
㊵申し出をことわる。
㊶ぜいきんを納める。
㊷そこうが悪い。
㊸身長をはかる。
㊹じょうけんを出す。
㊺そうぞう上の動物。
㊻落雷《らくらい》でていでんする。
㊼料金をせいさんする。
㊽連絡《れんらく》がたえる。
㊾食欲《しょくよく》をぞうしんする。
㊿大臣がじしょくする。

振り返って、学習の大分析をしよう。次の学習の計画を立てよう。

＋：うまくいったこと・成長したこと	−：うまくいかなかったこと・失敗したこと	→：次はどうするか

実際にけテぶれをやってみて感じた、コツや難しさなどを分析しよう。

いい結果からも悪い結果からも、情報を抜き出そう

テストで間違えたところがあれば、そこを分析して、次の学習をパワーアップさせられるね。

でも、いつも失敗ばかりに目を向けていると、気持ちが沈んでくるよね。分析は結果の、いい面と悪い面の両方に目を向けてみよう。

特に、タームテストで80点以上（100問中80問正解）とれたら、合格だよ。日々の漢字練習のけテぶれページでの合格点は、90点（20問中18問正解）に設定してみよう。

合格できたときは、自分を思いっきり褒《ほ》めてあげよう。＋の欄《らん》に、「さすがワタシ！」とか「ぼく天才！」と書いてみて。なんだか気持ちが軽くなるでしょ？　成功からは勉強のエネルギーがもらえるんだ。

け

大分析をふまえて、次の学習のための大計画を書こう。

50問テスト（タームテスト）を

〈　月　日（　）〉にやります。

第3タームで、だんだん自分に最適な学習のペースがわかってきたかな？ ここでは一気に次のタームの最後の50問テスト（タームテスト）の日を決めて、そこまでの学習をデザインしてみよう。50問テストまでには、5つのけテぶれゾーン（5つのセット）をクリアする必要があるね。今までの自分の学習を振り返って、どのくらいのペースですすめられるといいだろう？
だいたい1カ月前後で学習を仕上げられるといいね。ここまで大きな計画を立てるとなると、上の欄では少し小さいかもしれないね。おうちのカレンダーやスマホのスケジュールアプリなんかを活用するといいよ。ノートにでっかく書いてもいいんだよ。

漢字学習 [16]

第４タームの１

今回はこれらの漢字を学習しよう。まずは指でなぞりながら、字の形や書き順を覚えよう。

音：ドウ
訓：―
おもな熟語：銅山《どうざん》・銅貨《どうか》・銅像《どうぞう》・銅線《どうせん》・青銅《せいどう》
おもな使い方：銅山の観光／銅《どう》メダル／有名人の銅像

音：ドウ
訓：―
おもな熟語：堂々《どうどう》・食堂《しょくどう》・講堂《こうどう》・本堂《ほんどう》・仏堂《ぶつどう》
おもな使い方：正々堂々／食堂の定食／本堂の仏像《ぶつぞう》

音：ドク
訓：ひとり
おもな熟語：独白《どくはく》・独自《どくじ》・独特《どくとく》・独立《どくりつ》・単独《たんどく》
おもな使い方：独《ひと》り言《ごと》を言う／独自の技術《ぎじゅつ》／独立独歩

音：ドク
訓：―
おもな熟語：消毒《しょうどく》・毒物《どくぶつ》・毒薬《どくやく》・中毒《ちゅうどく》・有毒《ゆうどく》
おもな使い方：気の毒な人／手を消毒する／ガス中毒

+α 「得《う》る」という読み方もある。

音：トク
訓：える
おもな熟語：得意《とくい》・得点《とくてん》・得失《とくしつ》・所得《しょとく》・取得《しゅとく》
おもな使い方：利益《りえき》を得《え》る／得《とく》をする／得点が入る

音：ドウ
訓：みちびく
おもな熟語：導入《どうにゅう》・指導《しどう》・先導《せんどう》・伝導《でんどう》・導線《どうせん》
おもな使い方：人を導《みちび》く／新制《せい》度《ど》の導入／見学者を先導する

音：ハ
訓：やぶる　やぶれる
おもな熟語：破損《はそん》・破格《はかく》・破局《はきょく》・破産《はさん》・大破《たいは》
おもな使い方：紙が破《やぶ》れる／器物破損の罪《つみ》／車が大破する

音：ノウ
訓：―
おもな熟語：能力《のうりょく》・才能《さいのう》・本能《ほんのう》・能率《のうりつ》・能面《のうめん》
おもな使い方：能力が高い／演《えん》劇《げき》の才能／能率を上げる

音：ネン
訓：もえる　もやす　もす
おもな熟語：燃焼《ねんしょう》・燃料《ねんりょう》・燃費《ねんぴ》・不燃《ふねん》・再燃《さいねん》
おもな使い方：薪《まき》を燃《も》やす／不完全燃焼／ロケットの燃料

音：ニン
訓：まかす　まかせる
おもな熟語：責任《せきにん》・任期《にんき》・任務《にんむ》・任意《にんい》・後任《こうにん》
おもな使い方：クラスを任《まか》せる／君は無責任だ／任期は三年だ

読み　漢字の読みを覚えて、意味を知ろう。

何度も取り組むために、なるべく書き込まずにノートにけテぶれをしよう。

書き込んでしまったときは解答欄を紙で隠して答えが見えないようにしよう。

□ ① 食堂の料理を食べる。
□ ② 三位の銅メダル。
□ ③ 新制度《しんせいど》の導入。
□ ④ 得点が入る。
□ ⑤ 気の毒な人だ。
□ ⑥ 独自の技術《ぎじゅつ》。
□ ⑦ クラスを任せる。
□ ⑧ 薪《まき》を燃やす。
□ ⑨ 能力が高い。
□ ⑩ 紙が破れる。
□ ⑪ 正々堂々と戦う。
□ ⑫ 有名人の銅像を見る。
□ ⑬ 旅人を導く。
□ ⑭ 利益《りえき》を得る。
□ ⑮ ガス中毒に注意。
□ ⑯ 独り言を言う。
□ ⑰ 君は無責任だ。
□ ⑱ 不完全燃焼。
□ ⑲ 能率を上げる。
□ ⑳ 車が大破する。

1回目　2回目　3回目

解答・解説 ▼別冊32ページ

① (　　)　② (　　)　③ (　　)　④ (　　)　⑤ (　　)　⑥ (　　)　⑦ (　　)　⑧ (　　)　⑨ (　　)　⑩ (　　)

⑪ (　　)　⑫ (　　)　⑬ (　　)　⑭ (　　)　⑮ (　　)　⑯ (　　)　⑰ (　　)　⑱ (　　)　⑲ (　　)　⑳ (　　)

「やぶれる」は、「紙が破れる」・「試合に敗れる」のように「破」と「敗」の使い分けに注意しましょう。

け 今日の意気込み・計画を書こう。

計画の例
ノートでやっていたことを、カードを使って学習してみる。

テ 今の実力を確認しよう。次のひらがなを漢字にしよう。

1回目 2回目 3回目

解答・解説 ▼別冊32ページ

① しょくどうの料理を食べる。
② 三位のどうメダル。
③ 新制度《しんせいど》のどうにゅう。
④ とくてんが入る。
⑤ 気のどくな人だ。
⑥ どくじの技術《ぎじゅつ》。
⑦ クラスをまかせる。
⑧ 薪《まき》をもやす。
⑨ のうりょくが高い。
⑩ 紙がやぶれる。
⑪ 正々どうどうと戦う。
⑫ 有名人のどうぞうを見る。
⑬ 旅人をみちびく。
⑭ 利益《りえき》をえる。
⑮ ガスちゅうどくに注意。
⑯ ひとり言を言う。
⑰ 君はむせきにんだ。
⑱ 不完全ねんしょう。
⑲ のうりつを上げる。
⑳ 車がたいはする。

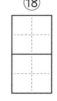

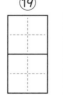

①　②　③　④　⑤　⑥　⑦　⑧　⑨　⑩

⑪　⑫　⑬　⑭　⑮　⑯　⑰　⑱　⑲　⑳

何度も取り組むために、なるべく書き込まずにノートにけテぶれをしよう。
書き込んでしまったときは解答欄を紙で隠して答えが見えないようにすれば、もう一度ノートにけテぶれができるよ。

振り返って学習の分析をしよう！ノートや練習スペースで練習しよう！

実際にけテぶれをやってみて感じた、コツや難しさなどを分析しよう。

ぶ　分析をしてみよう！

分析の例
「導」や「燃」に歯が立たなかった……。「得」の横の画を忘れた。

れ　練習をしよう！

記憶の特性

● 覚えにくいときは、暗記カードを活用してみてください。暗記カードは、たくさん見て、たくさん思い出すから、覚えられるようになります。

● 「どうやったら覚えられるかな」と考えるより「どうやったらいつでも上手に思い出せるようになるかな」と考えてみてくださ い。大切なのは「覚える練習」ではなく、「思い出す練習」です。けテぶれの「テ」では、一生懸命「思い出そうと」していますよね。たくさん思い出そうとするから、「思い出す」ことが上手になるのです。習った漢字を上手に「思い出す」ことができるようになるのが、漢字の学習の目標ですからね！

漢字学習 17

第4タームの2

今回はこれらの漢字を学習しよう。まずは指でなぞりながら、字の形や書き順を覚えよう。

判

音：ハン・バン
訓：—

おもな熟語：判定《はんてい》・判断《はんだん》・判決《はんけつ》・小判《こばん》・判事《はんじ》

おもな使い方：試合の判定／判《はん》を押《お》す／小判が見つかる

犯

音：ハン
訓：—

＋α 「犯《おか》す」という読み方もある。「過《あやま》ちを犯《おか》す」など

おもな熟語：犯人《はんにん》・犯行《はんこう》・犯罪《はんざい》・防犯《ぼうはん》・共犯《きょうはん》

おもな使い方：犯人を捕《つか》まえる／犯行を認《みと》める／防犯カメラ

非

音：ヒ
訓：—

おもな熟語：非常《ひじょう》・非行《ひこう》・非礼《ひれい》・非情《ひじょう》・非運《ひうん》

おもな使い方：非常口をさがす／非行に走る／非礼をわびる

肥

音：ヒ
訓：こえる・こえ・こやす・こやし

おもな熟語：肥料《ひりょう》・肥満《ひまん》・肥大《ひだい》

おもな使い方：体が肥《こ》える／肥料をまく／肥満を防《ふせ》ぐ

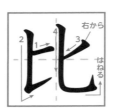

比

音：ヒ
訓：くらべる

おもな熟語：比例《ひれい》・比重《ひじゅう》・比率《ひりつ》・比類《ひるい》・対比《たいひ》

おもな使い方：人と比《くら》べる／高さに比例する／比類なき美声

版

音：ハン
訓：—

おもな熟語：出版《しゅっぱん》・版画《はんが》・木版《もくはん》・活版《かっぱん》・初版《しょはん》

おもな使い方：本を出版する／版画を刷る／小説の初版

貧

音：ビン
訓：まずしい

＋α 「ヒン」という読み方もある。

おもな熟語：貧富《ひんぷ》・貧弱《ひんじゃく》・貧血《ひんけつ》・貧困《ひんこん》・貧苦《ひんく》

おもな使い方：家が貧《まず》しい／貧富の差／貧血で倒《たお》れる

評

音：ヒョウ
訓：—

おもな熟語：評価《ひょうか》・評判《ひょうばん》・書評《しょひょう》・不評《ふひょう》・好評《こうひょう》

おもな使い方：高い評価を得《え》る／評判が良い／新製品《しんせいひん》は好評だ

備

音：ビ
訓：そなえる・そなわる

おもな熟語：準備《じゅんび》・備品《びひん》・整備《せいび》・備考《びこう》・守備《しゅび》

おもな使い方：災害《さいがい》に備《そな》える／校庭の整備／備考欄《らん》に書く

費

音：ヒ
訓：—

＋α 「費《つい》やす」「費《つい》える」という読み方もある。

おもな熟語：費用《ひよう》・消費《しょうひ》・経費《けいひ》・学費《がくひ》・出費《しゅっぴ》

おもな使い方：費用がかかる／消費者を守る／学費をはらう

読み

漢字の読みを覚えて、意味を知ろう。

何度も取り組むために、なるべく書き込まずにノートにけテぶれをしよう。

書き込んでしまったときは解答欄を紙で隠して答えが見えないようにしよう。

1回目
2回目
3回目

解答・解説 ▼別冊34ページ

□ ① 犯人を捕《つか》まえる。

□ ② 書類に判を押《お》す。

□ ③ 本を出版する。

□ ④ 人と比べる。

□ ⑤ 畑に肥料をまく。

□ ⑥ 非常口をさがす。

□ ⑦ 家に費用がかかる。

□ ⑧ 災害《さいがい》に備える。

□ ⑨ 高い評価を得《え》る。

□ ⑩ 家が貧しい。

□ ⑪ 防犯カメラの映像《えいぞう》。

□ ⑫ 試合の判定。

□ ⑬ 版画を刷る。

□ ⑭ 高さに比例する。

□ ⑮ 体が肥える。

□ ⑯ 少年が非行に走る。

□ ⑰ 消費者を守る。

□ ⑱ 校庭の整備をする。

□ ⑲ 新製品《しんせいひん》は好評だ。

□ ⑳ 貧富の差をなくす。

①（　）
②（　）
③（　）
④（　）
⑤（　）
⑥（　）
⑦（　）
⑧（　）
⑨（　）
⑩（　）
⑪（　）
⑫（　）
⑬（　）
⑭（　）
⑮（　）
⑯（　）
⑰（　）
⑱（　）
⑲（　）
⑳（　）

「費」や「貧」の部首である「貝」は「お金」や「財産《ざいさん》」を意味するのよ。

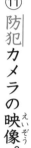

け 今日の意気込み・計画を書こう。

計画の例
やる気が出ないけど、「やる」と決めて、出す！

テ 今の実力を確認しよう。次のひらがなを漢字にしよう。

1回目　2回目　3回目

解答・解説 ▼別冊34ページ

① はんにんを捕《つか》まえる。
② 書類にはんを押《お》す。
③ 本をしゅっぱんする。
④ 人とくらべる。
⑤ 畑にひりょうをまく。
⑥ ひじょう口をさがす。
⑦ 家にひようがかかる。
⑧ 災害《さいがい》にそなえる。
⑨ 高いひょうかを得《え》る。
⑩ 家がまずしい。
⑪ ぼうはんカメラの映像。
⑫ 試合のはんてい。
⑬ はんがを刷る。
⑭ 高さにひれいする。
⑮ 体がこえる。
⑯ 少年がひこうに走る。
⑰ しょうひ者を守る。
⑱ 校庭のせいびをする。
⑲ 新製品《しんせいひん》はこうひょうだ。
⑳ ひんぷの差をなくす。

① ② ③ ④ ⑤ ⑥ ⑦ ⑧ ⑨ ⑩

⑪ ⑫ ⑬ ⑭ ⑮ ⑯ ⑰ ⑱ ⑲ ⑳

何度も取り組むために、なるべく書き込まずにノートにけテぶれをしよう。

書き込んでしまったときは解答欄を紙で隠して答えが見えないようにすれば、もう一度ノートにけテぶれができるよ。

振り返って学習の分析をしよう！ノートや練習スペースで練習しよう！

実際にけテぶれをやってみて感じた、コツや難しさなどを分析しよう。

ぶ

分析をしてみよう！

分析の例

「はん」という同じ読みの漢字を取り違えていた。
つき出たり、出なかったりする部分があやふやだった。

れ

練習をしよう！

やる気の特性

- 「やる気」なんていう不安定なものに頼らなくてもいい！ やる気は「やる」から出てくるものだよ！
- やる気アップの最強の方法は「スーパーけテぶれモード」だ。たとえば、勉強を始める前にサイコロを振って、6が出たらスーパーけテぶれモードでやってみよう。
- 「気が向いたらやる気を出す」のではなく、「やると決めてやる気を出す」という感じだよ！

漢字学習 18

第４タームの３

今回はこれらの漢字を学習しよう。まずは指でなぞりながら、字の形や書き順を覚えよう。

婦

はねる

+α 「夫婦」は「めおと」という読み方もある。

音：フ
訓：ー

おもな熟語：婦人《ふじん》・夫婦《ふうふ》・主婦《しゅふ》・新婦《しんぷ》・産婦《さんぷ》

おもな使い方：病院の産婦人科《さんふじんか》／夫婦仲が良い／結婚式《けっこんしき》の新婦

布

はねる

音：フ
訓：ぬの

おもな熟語：毛布《もうふ》・配布《はいふ》・分布《ぶんぷ》・布教《ふきょう》・布地《ぬのじ》

おもな使い方：布《ぬの》を切る／用紙を配布する／人口の分布

仏

音：ブツ
訓：ほとけ

おもな熟語：仏教《ぶっきょう》・仏前《ぶつぜん》・大仏《だいぶつ》・念仏《ねんぶつ》・仏像《ぶつぞう》

おもな使い方：仏様《ほとけさま》を拝《おが》む／仏教の信仰《しんこう》／念仏を唱える

複

わすれずに

音：フク
訓：ー

おもな熟語：複雑《ふくざつ》・複数《ふくすう》・複写《ふくしゃ》・複合《ふくごう》・複製《ふくせい》

おもな使い方：複雑な仕組み／複数の意見／ノートを複写

復

はらう

音：フク
訓：ー

おもな熟語：復習《ふくしゅう》・復帰《ふっき》・復活《ふっかつ》・回復《かいふく》・反復《はんぷく》

おもな使い方：授業《じゅぎょう》の復習／職場《しょくば》に復帰する／反復練習

武

はねる

+α 「武士」は「もののふ」という読み方もある。

音：ブ　ム
訓：ー

おもな熟語：武士《ぶし》・武道《ぶどう》・武器《ぶき》・武力《ぶりょく》・武者《むしゃ》

おもな使い方：江戸《えど》時代の武士／武器を捨《す》てる／武者修行《しゅぎょう》

保

音：ホ
訓：たもつ

おもな熟語：保育《ほいく》・保険《ほけん》・保健《ほけん》・保証《ほしょう》・保安《ほあん》

おもな使い方：保育園に通う／保健室に行く／平静を保《たも》つ

弁

音：ベン
訓：ー

おもな熟語：弁当《べんとう》・弁解《べんかい》・弁明《べんめい》・熱弁《ねつべん》・答弁《とうべん》

おもな使い方：遠足の弁当／欠席の弁解をする／熱弁をふるう

編

はねる

音：ヘン
訓：あむ

おもな熟語：編集《へんしゅう》・編曲《へんきょく》・編入《へんにゅう》・短編《たんぺん》・編成《へんせい》

おもな使い方：マフラーを編《あ》む／本を編集する／短編小説

粉

あける

音：フン
訓：こ　こな

おもな熟語：粉雪《こなゆき》・小麦粉《こむぎこ》・粉末《ふんまつ》・花粉《かふん》・金粉《きんぷん》

おもな使い方：粉雪がちらつく／小麦粉を混《ま》ぜる／粉末の薬

読み　漢字の読みを覚えて、意味を知ろう。

何度も取り組むために、なるべく書き込まずにノートにけテぶれをしよう。

書き込んでしまったときは解答欄を紙で隠して答えが見えないようにしよう。

1回目　2回目　3回目

解答・解説
▼別冊36ページ

□ ① 布を切る。
□ ② 結婚式の新婦。
□ ③ 江戸《えど》時代の武士。
□ ④ 授業《じゅぎょう》の復習をする。
□ ⑤ 複数の意見を聞く。
□ ⑥ 仏様を拝《おが》む。
□ ⑦ 粉雪がちらつく。
□ ⑧ 本を編集する。
□ ⑨ 遠足の弁当を作る。
□ ⑩ 保健室に行く。

□ ⑪ 用紙を配布する。
□ ⑫ 病院の産婦人科。
□ ⑬ 武器を捨《す》てる。
□ ⑭ 職場《しょくば》に復帰する。
□ ⑮ 複雑な仕組み。
□ ⑯ 仏教の信仰《しんこう》。
□ ⑰ 粉末の薬。
□ ⑱ マフラーを編む。
□ ⑲ 欠席の弁解をする。
□ ⑳ 平静を保つ。

①（　　）②（　　）③（　　）④（　　）⑤（　　）⑥（　　）⑦（　　）⑧（　　）⑨（　　）⑩（　　）

⑪（　　）⑫（　　）⑬（　　）⑭（　　）⑮（　　）⑯（　　）⑰（　　）⑱（　　）⑲（　　）⑳（　　）

「復」と「複」はよく似ているから注意じゃ！

け 今日の意気込み・計画を書こう。

計画の例
集中することに力を入れてみる。

テ 今の実力を確認しよう。次のひらがなを漢字にしよう。

1回目　2回目　3回目

解答・解説 ▼別冊36ページ

① ぬのを切る。
② 結婚式のしんぷ。
③ 江戸《えど》時代のぶし。
④ 授業《じゅぎょう》のふくしゅうをする。
⑤ ふくすうの意見を聞く。
⑥ ほとけ様を拝《おが》む。
⑦ こなゆきがちらつく。
⑧ 本をへんしゅうする。
⑨ 遠足のべんとうを作る。
⑩ ほけん室に行く。
⑪ 用紙をはいふする。
⑫ 病院のさんふじん科。
⑬ ぶきを捨《す》てる。
⑭ 職場《しょくば》にふっきする。
⑮ ふくざつな仕組み。
⑯ ぶっきょうの信仰《しんこう》。
⑰ ふんまつの薬。
⑱ マフラーをあむ。
⑲ 欠席のべんかいをする。
⑳ 平静をたもつ。

① ② ③ ④ ⑤ ⑥ ⑦ ⑧ ⑨ ⑩

⑪ ⑫ ⑬ ⑭ ⑮ ⑯ ⑰ ⑱ ⑲ ⑳

何度も取り組むために、なるべく書き込まずにノートにけテぶれをしよう。

書き込んでしまったときは解答欄を紙で隠して答えが見えないようにすれば、もう一度ノートにけテぶれができるよ。

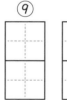

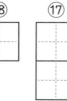

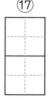

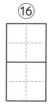

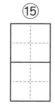

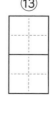

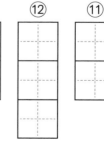

振り返って学習の分析をしよう！ノートや練習スペースで練習しよう！

実際にけテぶれをやってみて感じた、コツや難しさなどを分析しよう。

ぶ　分析をしてみよう！

分析の例

「復」と「複」の使い分けができていなかった。「武」の点がよくわかっていなかった。

れ　練習をしよう！

集中力の特性

- 自分が最も集中できる環境とはどんな環境だろう。次のように考えてみよう。
- ひとまずテレビやYouTubeは消したほうがいいよね。

スマホが近くにあると、つい触ってしまうかな？

音はどうだろう。少し音楽がなっているほうがいい？

時間は？　もしかしたら夜より朝のほうが集中できるかもしれない。

場所は？　自分の部屋？　リビング？　お風呂場？

- たくさんの可能性の中から「自分が最高に集中できる環境」を見つけ出そう。

漢字学習 19

第4ターンの4

今回はこれらの漢字を学習しよう。まずは指でなぞりながら、字の形や書き順を覚えよう。

+α

音：ボ
訓：はか

おもな熟語：墓場《はかば》・墓石《ぼせき》・墓地《ぼち》・墓前《ぼぜん》・墓穴《ぼけつ》

おもな使い方：墓参《はかまい》りをする／墓地の掃除《そうじ》／墓前に花を供《そな》える

「墓石」「墓穴」は音訓両方の読みがある。

+α

音：ホウ
訓：ー

おもな熟語：報告《ほうこく》・情報《じょうほう》・時報《じほう》・予報《よほう》・報道《ほうどう》

おもな使い方：調査《ちょうさ》の報告／情報を集める／天気予報を見る

「報《むく》いる」という読みもある。

音：ホウ
訓：ゆたか

おもな熟語：豊富《ほうふ》・豊作《ほうさく》・豊漁《ほうりょう》・豊満《ほうまん》・豊年《ほうねん》

おもな使い方：豊《ゆた》かな資源《しげん》／豊作を祈《いの》る／サンマが豊漁だ

音：ボウ
訓：ふせぐ

おもな熟語：防止《ぼうし》・消防《しょうぼう》・防音《ぼうおん》・防寒《ぼうかん》・防衛《ぼうえい》

おもな使い方：火事を防《ふせ》ぐ／消防車が通る／防寒着を着る

音：ボウ
訓：ー

おもな熟語：貿易《ぼうえき》

おもな使い方：貿易の歴史《れきし》／貿易商

+α

音：ボウ
訓：あばれる

おもな熟語：暴力《ぼうりょく》・暴言《ぼうげん》・暴動《ぼうどう》・暴風《ぼうふう》・横暴《おうぼう》

おもな使い方：馬が暴《あば》れる／暴力はいけない／暴動が起こる

「バク」という音読み、「あばく」という訓読みもある。

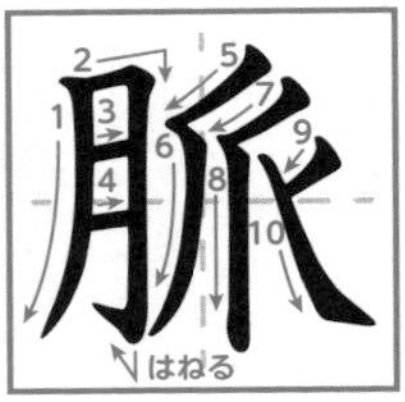

音：ミャク
訓：ー

おもな熟語：山脈《さんみゃく》・水脈《すいみゃく》・動脈《どうみゃく》・人脈《じんみゃく》・文脈《ぶんみゃく》

おもな使い方：脈《みゃく》がある／ヒマラヤ山脈／人脈を作る

音：ム
訓：つとまる　つとめる

おもな熟語：事務《じむ》・義務《ぎむ》・業務《ぎょうむ》・任務《にんむ》・急務《きゅうむ》

おもな使い方：司会《しかい》を務《つと》める／学校の事務室／任務を果たす

音：ム
訓：ゆめ

おもな熟語：夢中《むちゅう》・夢見《ゆめみ》・悪夢《あくむ》・初夢《はつゆめ》・正夢《まさゆめ》

おもな使い方：夢《ゆめ》を見る／夢中で走る／正夢になる

読み 漢字の読みを覚えて、意味を知ろう。

何度も取り組むために、なるべく書き込まずにノートにけテぶれをしよう。

書き込んでしまったときは解答欄を紙で隠して答えが見えないようにしよう。

1回目 2回目 3回目

解答・解説 ▼別冊38ページ

□ ① 墓参りをする。
□ ② 社長に報告する。
□ ③ 豊かな資源《しげん》。
□ ④ 消防車が通る。
□ ⑤ 貿易の歴史《れきし》。
□ ⑥ 馬が暴れる。
□ ⑦ まだ脈がある。
□ ⑧ 司会《しかい》を務める。
□ ⑨ いい夢を見る。
□ ⑩ 暴力はだめだ。
□ ⑪ 墓地の掃除《そうじ》をする。
□ ⑫ 情報を集める。
□ ⑬ 米の豊作を祈《いの》る。
□ ⑭ 火事を防ぐ。
□ ⑮ 長崎《ながさき》の貿易商。
□ ⑯ 暴動が起こる。
□ ⑰ ヒマラヤ山脈。
□ ⑱ 学校の事務室。
□ ⑲ 夢中で走る。
□ ⑳ 暴風に注意する。

① (　　)
② (　　)
③ (　　)
④ (　　)
⑤ (　　)
⑥ (　　)
⑦ (　　)
⑧ (　　)
⑨ (　　)
⑩ (　　)
⑪ (　　)
⑫ (　　)
⑬ (　　)
⑭ (　　)
⑮ (　　)
⑯ (　　)
⑰ (　　)
⑱ (　　)
⑲ (　　)
⑳ (　　)

「務める」は役《やく》割《わり》や役目を引き受けて、仕事をするときに使うのよ。

け 今日の意気込み・計画を書こう。

計画の例
自分にあった勉強のやり方を考えながら進めたい。

テ 今の実力を確認しよう。次のひらがなを漢字にしよう。

1回目 2回目 3回目

解答・解説 ▼別冊38ページ

① はか参りをする。
② 社長にほうこくする。
③ ゆたかな資源《しげん》。
④ しょうぼう車が通る。
⑤ ぼうえきの歴史《れきし》。
⑥ 馬があばれる。
⑦ まだみゃくがある。
⑧ 司会《しかい》をつとめる。
⑨ いいゆめを見る。
⑩ ぼうりょくはだめだ。
⑪ ぼちの掃除《そうじ》をする。
⑫ じょうほうを集める。
⑬ 米のほうさくを祈《いの》る。
⑭ 火事をふせぐ。
⑮ 長崎のぼうえき商。
⑯ ぼうどうが起こる。
⑰ ヒマラヤさんみゃく。
⑱ 学校のじむ室。
⑲ むちゅうで走る。
⑳ ぼうふうに注意する。

① ② ③ ④ ⑤ ⑥ ⑦ ⑧ ⑨ ⑩

⑪ ⑫ ⑬ ⑭ ⑮ ⑯ ⑰ ⑱ ⑲ ⑳

何度も取り組むために、なるべく書き込まずにノートにけテぶれをしよう。

書き込んでしまったときは解答欄を紙で隠して答えが見えないようにすれば、もう一度ノートにけテぶれができるよ。

振り返って学習の分析をしよう！ノートや練習スペースで練習しよう！

実際にけテぶれをやってみて感じた、コツや難しさなどを分析しよう。

ぶ

分析をしてみよう！

分析の例

「報」の右側のはね方に注意する。

「脈」の右側をきれいに書けるようにする。

れ

練習をしよう！

「自分」について詳しくなろう ～漢字と自分～

● ここまでたくさんの試行錯誤《しこうさくご》を重ねて「けテぶれ」に取り組んできた子は、だんだんと「自分なりの漢字の学習の方法」が見つかってきたかな？ 一度、今までやってきた自分のけテぶれノートを振り返ってみよう。

● 計画はどのように立てるのがいい？
テストは一気に20問やるのがいい？
それとも10問ずつ2日に分けてやる？
分析は、いつもどこに着目している？
練習は、どんな方法が好き？
ここではそんなことを少し考えてみよう。

漢字学習 20

第４タームの５

今回はこれらの漢字を学習しよう。まずは指でなぞりながら、字の形や書き順を覚えよう。

綿

+α「木綿《もめん》」という特別な読みもある。

（はねる）

音：メン
訓：わた

おもな熟語：綿花《めんか》・綿糸《めんし》・綿《わた》毛《げ》・真綿《まわた》・海綿《かいめん》

おもな使い方：綿《わた》をつめる／綿花の栽培《さいばい》／綿毛が飛ぶ

迷

+α「迷子《まいご》」という特別な読み方もある。

音：メイ
訓：まよう

おもな熟語：迷路《めいろ》・迷信《めいしん》・迷宮《めいきゅう》・迷惑《めいわく》・低迷《ていめい》

おもな使い方：道に迷《まよ》う／迷路に入りこむ／迷信を信じる

率

（長く）

音：ソツ　リツ
訓：ひきいる

おもな熟語：引率《いんそつ》・倍率《ばいりつ》・勝率《しょうりつ》・確率《かくりつ》

おもな使い方：チームを率《ひき》いる／高い倍率／優勝《ゆうしょう》の確率

容

音：ヨウ
訓：ー

おもな熟語：容器《ようき》・容積《ようせき》・美容《びよう》・容易《ようい》・内容《ないよう》

おもな使い方：ガラスの容器／美容院に行く／荷物の内容

余

音：ヨ
訓：あまる　あます

おもな熟語：余分《よぶん》・余計《よけい》・余念《よねん》・余生《よせい》・余白《よはく》

おもな使い方：お菓子《かし》が余《あま》る／余計なお世話／余白に書きこむ

輸

（わすれずに）

音：ユ
訓：ー

おもな熟語：輸入《ゆにゅう》・輸出《ゆしゅつ》・輸送《ゆそう》・輸血《ゆけつ》・空輸《くうゆ》

おもな使い方：小麦の輸入／物資《ぶっし》を輸送する／輸血が必要だ

歴

音：レキ
訓：ー

おもな熟語：歴史《れきし》・歴代《れきだい》・学歴《がくれき》・経歴《けいれき》・歴然《れきぜん》

おもな使い方：歴代の首相／異色《いしょく》の経歴／歴然としたちがい

領

（とめる）

音：リョウ
訓：ー

おもな熟語：領地《りょうち》・領土《りょうど》・領主《りょうしゅ》・本領《ほんりょう》・要領《ようりょう》

おもな使い方：自国の領土／本領を発揮《はっき》する／要領がいい

留

音：リュウ　ル
訓：とめる　とまる

おもな熟語：留守《るす》・留意《りゅうい》・留学《がくりゅう》・留年《りゅうねん》・保留《ほりゅう》

おもな使い方：気に留《と》める／体調に留意する／海外に留学する

略

音：リャク
訓：ー

おもな熟語：省略《しょうりゃく》・略語《りゃくご》・略式《りゃくしき》・略図《りゃくず》・計略《けいりゃく》

おもな使い方：説明を略《りゃく》する／略式の服装《ふくそう》／計略をめぐらす

読み　漢字の読みを覚えて、意味を知ろう。

何度も取り組むために、なるべく書き込まずにノートにけテぶれをしよう。

書き込んでしまったときは解答欄を紙で隠して答えが見えないようにしよう。

1回目　2回目　3回目

解答・解説 ▼別冊40ページ

□ ① 道に迷う。
□ ② 綿花の栽培《さいばい》。
□ ③ 小麦の輸入。
□ ④ お菓子《かし》が余る。
□ ⑤ ガラスの容器。
□ ⑥ 高い倍率。
□ ⑦ 説明を略する。
□ ⑧ 気に留める。
□ ⑨ 自国の領土。
□ ⑩ 歴代の首相。

□ ⑪ 迷路に入りこむ。
□ ⑫ 綿毛が飛ぶ。
□ ⑬ 物資《ぶっし》を輸送する。
□ ⑭ 余計なお世話。
□ ⑮ 美容院に行く。
□ ⑯ チームを率いる。
□ ⑰ 駅までの略図を描《か》く。
□ ⑱ 海外に留学する。
□ ⑲ 本領を発揮《はっき》する。
□ ⑳ 歴然としたちがい。

①（　）②（　）③（　）④（　）⑤（　）⑥（　）⑦（　）⑧（　）⑨（　）⑩（　）

⑪（　）⑫（　）⑬（　）⑭（　）⑮（　）⑯（　）⑰（　）⑱（　）⑲（　）⑳（　）

け 今日の意気込み・計画を書こう。

計画の例
最後の漢字学習のセットだから、振り返りながら進める。

テ 今の実力を確認しよう。次のひらがなを漢字にしよう。

1回目
2回目
3回目

解答・解説 ▼別冊40ページ

①道にまよう。
②めんかの栽培《さいばい》。
③小麦のゆにゅう。
④お菓子《かし》があまる。
⑤ガラスのようき。
⑥高いばいりつ。
⑦説明をりゃくする。
⑧気にとめる。
⑨自国のりょうど。
⑩れきだいの首相。
⑪めいろに入りこむ。
⑫わたげが飛ぶ。
⑬物資《ぶっし》をゆそうする。
⑭よけいなお世話。
⑮びよう院に行く。
⑯チームをひきいる。
⑰駅までのりゃくずを描く。
⑱海外にりゅうがくする。
⑲ほんりょうを発揮《はっき》する。
⑳れきぜんとしたちがい。

① ② ③ ④ ⑤ ⑥ ⑦ ⑧ ⑨ ⑩

⑪ ⑫ ⑬ ⑭ ⑮ ⑯ ⑰ ⑱ ⑲ ⑳

何度も取り組むために、なるべく書き込まずにノートにけテぶれをしよう。

書き込んでしまったときは解答欄を紙で隠して答えが見えないようにすれば、もう一度ノートにけテぶれができるよ。

振り返って学習の分析をしよう！ ノートや練習スペースで練習しよう！

実際にけテぶれをやってみて感じた、コツや難しさなどを分析しよう。

ぶ 分析をしてみよう！

分析の例

「輪」の横の画を忘れてしまった。
最後も、うまくできた。

れ 練習をしよう！

「自分」について詳しくなろう

- 今までの「大分析」を振り返ってみよう。
- 大分析では、その日までがんばって積み上げてきた「けテぶれ」についてテストの結果と一緒に振り返って、自分の学び方をレベルアップさせるために考えてきたね。そこに書かれていることを見ると、だんだん自分の特徴や、好き嫌い、得手不得手が見えてくるはず。
- これこそ、この「けテぶれ学習法」が生み出すことができる最上級の学びなんだ。

1 漢字の読み方を書こう。

何度も取り組むために、なるべく書き込まずにノートで練習しよう。

1回目 2回目 3回目

解答 ▼別冊43ページ

①本を編集する。
②司会《しかい》を務める。
③結婚式《けっこんしき》の新婦。
④綿花の栽培《さいばい》。
⑤正々堂々と戦う。
⑥複雑な仕組み。
⑦本領を発揮《はっき》する。
⑧能率を上げる。
⑨墓地の掃除《そうじ》をする。
⑩貧富の差をなくす。
⑪迷路に入りこむ。
⑫独り言を言う。
⑬美容院に行く。
⑭本を出版する。
⑮家に費用がかかる。
⑯職場《しょくば》に復帰する。
⑰平静を保つ。
⑱クラスを任せる。
⑲人と比べる。
⑳駅までの略図を描《か》く。
㉑ガス中毒に注意。
㉒家を留守にする。
㉓災害《さいがい》に備える。
㉔歴然としたちがい。
㉕防犯カメラの映像《えいぞう》。
㉖情報を集める。
㉗有名人の銅像を見る。
㉘貿易の歴史《れきし》。
㉙少年が非行に走る。
㉚まだ脈がある。
㉛車が大破する。
㉜夢中で走る。
㉝仏様を拝《おが》む。
㉞旅人を導く。
㉟消防車が通る。
㊱新製品《しんせいひん》は好評だ。
㊲暴動が起こる。
㊳試合の判定。
㊴お菓子《かし》が余る。
㊵体が肥える。
㊶暴風に注意する。
㊷武器を捨《す》てる。
㊸粉末の薬。
㊹気に留める。
㊺得点が入る。
㊻布を切る。
㊼物資《ぶっし》を輸送する。
㊽不完全燃焼。
㊾欠席の弁解をする。
㊿米の豊作を祈《いの》る。

第４ターム

2 漢字にして書こう。

何度も取り組むために、なるべく書き込まずにノートで練習しよう。

1回目
2回目
3回目

解答▼別冊43ページ

①用紙をはいふする。
②のうりょくが高い。
③遠足のべんとう。
④家がまずしい。
⑤海外りゅうがくする。
⑥しょくどうの料理。
⑦はか参りをする。
⑧紙がやぶれる。
⑨学校のじむ室。
⑩しょうひ者を守る。
⑪ぼうりょくはだめだ。
⑫どくじの技術。
⑬わたげが飛ぶ。
⑭病院のさんふじん科。
⑮長崎《ながさき》のぼうえき商。
⑯書類にはんを押《お》す。
⑰高さにひれいする。
⑱はんにんを捕《つか》まえる。
⑲よけいなお世話。
⑳気のどくな人だ。
㉑火事をふせぐ。
㉒高いひょうかを得る。
㉓ほけん室に行く。
㉔君はむせきにんだ。
㉕ふくすうの意見。
㉖道にまよう。
㉗はんがを刷る。
㉘江戸《えど》時代のぶし。
㉙社長へのほうこく。
㉚三位のどうメダル。
㉛ひじょう口をさがす。
㉜れきだいの首相。
㉝ゆたかな資源《しげん》。
㉞新制度《しんせいど》のどうにゅう。
㉟ガラスのようき。
㊱授業《じゅぎょう》のふくしゅう。
㊲馬があばれる。
㊳薪《まき》をもやす。
㊴自国のりょうど。
㊵ぶっきょうの信仰《しんこう》。
㊶小麦のゆにゅう。
㊷畑にひりょうをまく。
㊸電話をほりゅうにする。
㊹校庭のせいびをする。
㊺マフラーをあむ。
㊻ヒマラヤさんみゃく。
㊼利益《りえき》をえる。
㊽説明をりゃくする。
㊾こなゆきがちらつく。
㊿いいゆめを見る。

振り返って、学習の大分析をしよう。次の学習の計画を立てよう。

実際にけテぶれをやってみて感じた、コツや難しさなどを分析しよう。

第４タームはいかがでしたか？　このタームで５年生の漢字の一通りの学習が終わりました。分析をふまえて、ウルトラテストや今後の学習の計画を立てましょう。

－：難しかったことを書こう

＋：うまくできたことを書こう

◯：素直な気持ちを書こう

？：勉強に対する疑問を書こう

！：成功のヒケツを書こう

→：次はこうする！

大分析をふまえて、次の学習のための大計画を書こう。

この問題集も残すはあと最後のまとめの「ウルトラテスト」だけですね。そのためには今までの学習の総復習が必要ですね。

ウルトラテストに向けた準備のための「けテぶれ」では、今までの経験を全部使って、「自分なりの最強の学び方」で学んでみましょう。それを使って、ウルトラテストに合格できたらもう最高にうれしいはずですよ！

サポーターの方へ

FOR SUPPORTERS

「自分で勉強しろと言われても、どうすればいいのかわからない」というお悩みをよく聞きます。

なんとなく学習計画を立てさせられるが、いざ実際にやってみると、日々どのように学べばいいのかわからない、という状態であることが非常に多いです。

そこで、この本ではまず、一日の学習を確実に進められるように、「けテぶれ」という学習の流れをご紹介し、自分でやってみて、たくさん経験する中でだんだん、「自分で勉強をする感覚」を養ってもらおうとしてきました。

そして、各タームごとに、「大分析」や「大計画」のページを作り、徐々に自分の学習を一週間、一カ月の単位で見られるようにと、構成してきました。

各タームの学習の流れを図にすると、下図のようになっていました。これが、けテぶれを合言葉にした「自分で学ぶ学習」の全貌です。

ここまでの学習をやり通すことができていれば、子どもたちもきっと、この図を自分の体験から深く理解することができるでしょう。ぜひ子どもと一緒に、この図を見ながら「自分で学ぶ学習」について振り返り、考える時間をとってあげてください。

この問題集も、残すところはあと「総復習ウルトラテスト」のみです。学習を振り返ると、まだまだ覚えきれていない漢字や、少し学習の密度が薄いページなどがあると思います。

けテぶれ学習の全体像が見えた今、総復習テストを一カ月後などに設定し、今までの学習を総復習するためのけテぶれを回すことをおすすめします。

ここまでで、「自分で学ぶ学習」の基礎はきっちりと理解し、定着しつつあるはずです。最後の総復習テストは、漢字の知識のみならず、「自ら学ぶ技術」の総復習としても使ってみてください。

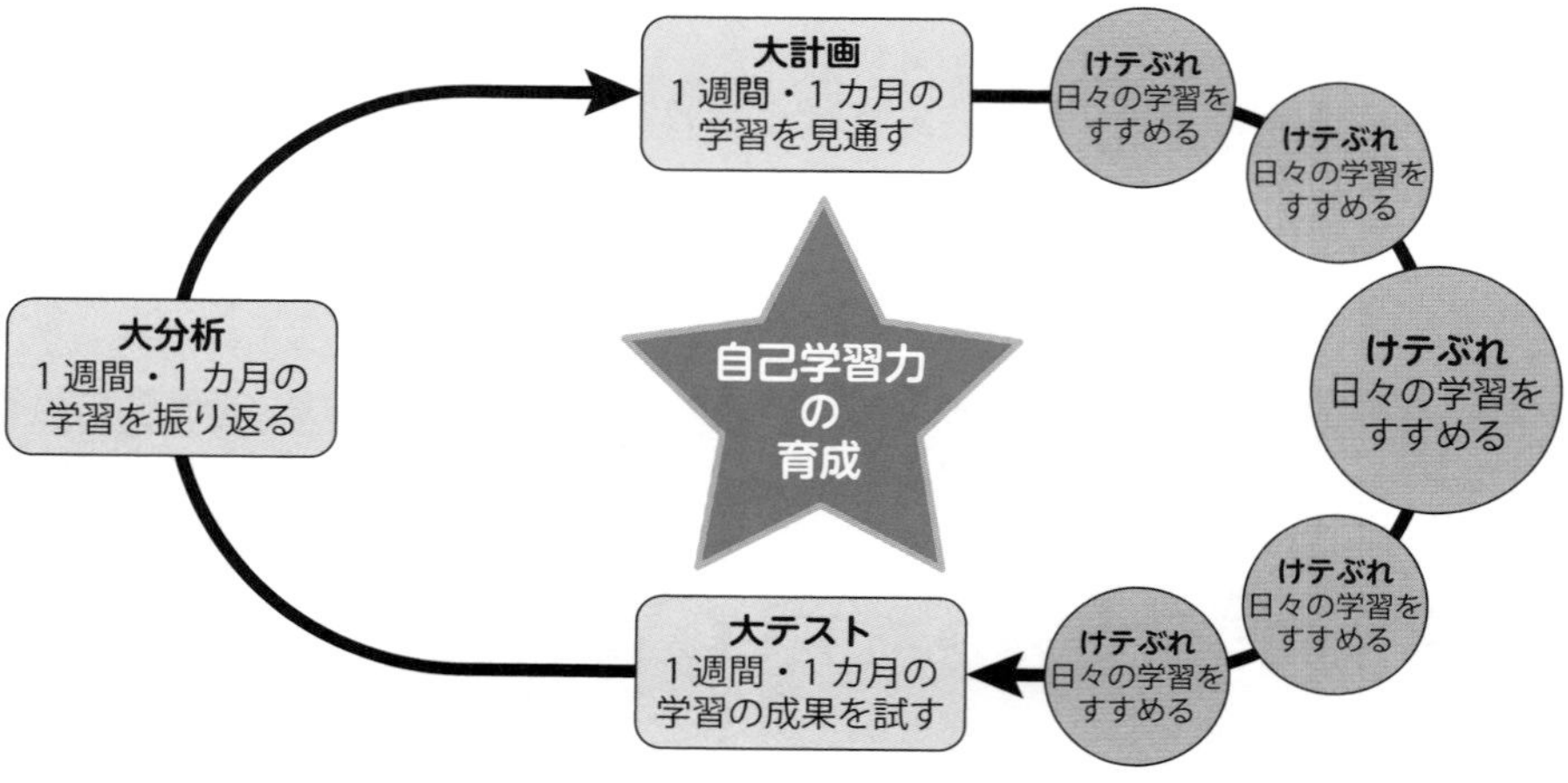

大計画
1週間・1カ月の
学習を見通す
けテぶれ
日々の学習をすすめる
けテぶれ
日々の学習をすすめる
大分析
1週間・1カ月の
学習を振り返る
自己学習力の育成
けテぶれ
日々の学習をすすめる
けテぶれ
日々の学習をすすめる
大テスト
1週間・1カ月の
学習の成果を試す
けテぶれ
日々の学習をすすめる

第3章

総復習
ウルトラテスト

"KETEBURE" Learning Method

KANJIRENSYU

テスト1

1 漢字の読み方を書こう。

何度も取り組むために、なるべく書き込まずにノートで練習しよう。

1回目 2回目 3回目

解答▼別冊44ページ

①人口の増加。
②金額をまちがえる。
③校庭の整備をする。
④会社の資本金。
⑤入国を許可する。
⑥夜桜を見る。
⑦連絡《れんらく》が絶える。
⑧三位の銅メダル。
⑨苦境に立つ。
⑩新製品の発表。
⑪鉄が酸化する。
⑫今年も夏が過ぎた。
⑬犯人を捕《つか》まえる。
⑭店を移す。
⑮順序よく並《なら》ぶ。
⑯永遠の友情《ゆうじょう》。
⑰政治に参加する。
⑱食堂の料理を食べる。
⑲技術をみがく。
⑳意見を述べる。
㉑非常口をさがす。
㉒絵を寄付する。
㉓ガラスの容器。
㉔優勝《ゆうしょう》の可能性《せい》。
㉕鉱山で働く。
㉖格式が高い店。
㉗情け深い人。
㉘河川が氾濫《はんらん》する。
㉙畑に肥料をまく。
㉚授賞式に出席する。
㉛救急車を呼《よ》ぶ。
㉜学校の事務室。
㉝正義の味方。
㉞マフラーを編む。
㉟野菜の価格。
㊱先生に質問する。
㊲説明を略する。
㊳典型的な症状《しょうじょう》。
㊴現実的に考える。
㊵歴代の首相。
㊶持久力がない。
㊷志望の中学に入る。
㊸落雷《らくらい》で停電する。
㊹基本を大切にする。
㊺保健室に行く。
㊻逆転して勝つ。
㊼独自の技術《ぎじゅつ》。
㊽食欲《しょくよく》を増進させる。
㊾調査結果の発表。
㊿悲喜こもごも。

2 漢字にして書こう。

何度も取り組むために、なるべく書き込まずにノートで練習しよう。

1回目　2回目　3回目

解答 ▼別冊44ページ

① うさぎをしいくする。
② のうりつを上げる。
③ だんたい行動の権利《けんり》。
④ あんいな考えをもつ。
⑤ しゃれいをはらう。
⑥ 各駅ていしゃの電車。
⑦ ひんぷの差をなくす。
⑧ 人数のぞうげん。
⑨ こうぶつの標本。
⑩ 前例にじゅんずる。
⑪ 本をしゅっぱんする。
⑫ 母とくせいのカレー。
⑬ こうちの面積を測《はか》る。
⑭ 入学をよろこぶ。
⑮ はいぞく先が決まる。
⑯ 試験にごうかくする。
⑰ 第一いんしょう。
⑱ ごがん工事を行う。
⑲ ぜいむ署《しょ》に行く。
⑳ 司会《しかい》をつとめる。
㉑ さいしと暮《く》らす。
㉒ もくぞうの家。
㉓ 入室をきんしする。
㉔ 家にひようがかかる。
㉕ 江戸《えど》のかしほん屋。
㉖ 学校のしゅうい。
㉗ てきどな運動をする。
㉘ にがおえを描《か》く。
㉙ きゅうせい中学。
㉚ ぬのを切る。
㉛ 時間をかぎる。
㉜ はんそく行為《こうい》をする。
㉝ ぶっかが上がる。
㉞ 意見にさんどうする。
㉟ ひとり言を言う。
㊱ やさしいせいかく。
㊲ じっさいにあった話。
㊳ にちじょうの出来事。
㊴ ひっさつ技《わざ》を見せる。
㊵ 身のけっぱくの証明《しょうめい》。
㊶ びょう院に行く。
㊷ 学者をこころざす。
㊸ ホテルをいとなむ。
㊹ 隣《となり》どうしになる。
㊺ だんげんする。
㊻ ありし日の母。
㊼ がんぜんに広がる。
㊽ ふくざつな仕組み。
㊾ 土地のそくりょう。
㊿ きしゅくしゃに入る。

テスト2

1 漢字の読み方を書こう。

何度も取り組むために、なるべく書き込まずにノートで練習しよう。

1回目 2回目 3回目

解答▼別冊44ページ

①材料を混ぜる。
②旧式の機械。
③総合的な学習。
④災害に備《そな》える。
⑤道に迷う。
⑥実在の人物。
⑦紀行文を読む。
⑧貯金をする。
⑨選手の士気が上がる。
⑩複数の意見を聞く。
⑪一万円の利益が出る。
⑫国際問題になる。
⑬接続語をさがす。
⑭綿毛が飛ぶ。
⑮一組の圧勝だ。
⑯台風の勢力。
⑰意識がもどる。
⑱船を造る。
⑲書類に判を押《お》す。
⑳ねこを保護する。
㉑要件を満たす。
㉒航空機に乗る。
㉓仮の住まい。
㉔旅行の準備。
㉕学校の校舎。
㉖いい夢を見る。
㉗水は液体だ。
㉘会社の組織図。
㉙森で枝を拾う。
㉚家が貧しい。
㉛きちんと確かめる。
㉜何事も限度がある。
㉝人工衛星を管理する。
㉞ビルの建築。
㉟薬が効く。
㊱自国の領土。
㊲学校の規則を守る。
㊳春を告げる鳥。
㊴私語《しご》を禁じる。
㊵態度を改める。
㊶私《わたし》の母は医師だ。
㊷常に冷静だ。
㊸一代で財を成す。
㊹チームの団結。
㊺社員を採る。
㊻原因を考える。
㊼学力の程度を見る。
㊽学問を修める。
㊾用紙を配布する。
㊿雑貨店《ざっかてん》の経営。

ウルトラ

2 漢字にして書こう。

何度も取り組むために、なるべく書き込まずにノートで練習しよう。

1回目　2回目　3回目

解答 ▼別冊44ページ

①友をしょうたいする。
②めいろに入りこむ。
③絵のそしつがある。
④ぼちの掃除《そうじ》をする。
⑤有名人のどうぞう。
⑥きげん前百年の頃《ころ》。
⑦ゆうえきな情報《じょうほう》。
⑧顔をしきべつする。
⑨人口のとうけい。
⑩せいせいどうどう。
⑪入学をしがんする。
⑫ふんまつの薬。
⑬会議でていあんする。
⑭学校のじゅぎょう。
⑮気にとめる。
⑯ほんりょう発揮《はっき》。
⑰にってい を決める。
⑱ふたたび会う日まで。
⑲けいけんを積む。
⑳駅までのりゃくず。
㉑じっせきを上げる。
㉒ほけんに入る。
㉓いきおいに乗る。
㉔勉強のこうかが出る。
㉕一席もうける。
㉖新しい仕事になれる。
㉗クラスをまかせる。
㉘しょうきんの獲得《かくとく》。
㉙ぼうえきの歴史《れきし》。
㉚席をいどうする。
㉛秘密《ひみつ》をはくじょうする。
㉜道をおうふくする。
㉝すがたをあらわす。
㉞交通きせい。
㉟試合のはんてい。
㊱事件のしょうげん。
㊲きじゅつ問題を解《と》く。
㊳城をきずく。
㊴友人の失敗をゆるす。
㊵ことわりの電話。
㊶かていして考える。
㊷おうとうがない。
㊸じたいが悪化する。
㊹不完全ねんしょう。
㊺本のじょぶんを書く。
㊻どうきょの家族。
㊼こしつを希望《きぼう》する。
㊽しょくぎょうを聞く。
㊾物資《ぶっし》をゆそうする。
㊿対立のこうず。

テスト3

1 漢字の読み方を書こう。

何度も取り組むために、なるべく書き込まずにノートで練習しよう。

解答▶別冊45ページ

1回目　2回目　3回目

①先祖を敬《うやま》う。
②修学旅行に行く。
③馬が暴れる。
④文末の句点。
⑤高い倍率。
⑥友人と雑談をする。
⑦薪《まき》を燃やす。
⑧部屋に無断で入る。
⑨病気で眼科に通う。
⑩高さに比例する。
⑪一等の賞品。
⑫感謝の言葉。
⑬文学部に属する。
⑭暴力はだめだ。
⑮兄は意志が強い。
⑯条件を出す。
⑰車の点検をする。
⑱君は無責任だ。
⑲個性的な人物。
⑳客に応対する。
㉑囲いを作る。
㉒年賀状を出す。
㉓部下に指示を出す。
㉔江戸《えど》時代の武士。
㉕校則を守る。
㉖似ている姉妹。
㉗制限速度を守る。
㉘余計なお世話。
㉙幹線道路を走る。
㉚罪をみとめる。
㉛新制度の導入。
㉜宿題を提出する。
㉝清潔な身なり。
㉞適切な対応。
㉟剣《けん》を構える。
㊱株《かぶ》で損をする。
㊲芸術の秋。
㊳車で事故を起こす。
㊴長崎《ながさき》の貿易商。
㊵責任を感じる。
㊶家族を支える。
㊷裁判《さいばん》の証人。
㊸墓参りをする。
㊹学校の設備。
㊺賛成と反対。
㊻険しい表情《ひょうじょう》。
㊼動物園で象を見る。
㊽夏期講習を受ける。
㊾自分で決断する。
㊿小麦の輸入。

2 漢字にして書こう。

何度も取り組むために、なるべく書き込まずにノートで練習しよう。

1回目　2回目　3回目

解答 ▼別冊45ページ

①きんとうに切る。
②そうりょくを挙げる。
③本をへんしゅうする。
④チームをひきいる。
⑤しっそな身なり。
⑥ぼうはんカメラ。
⑦わじゅつに長《た》ける。
⑧人魚のぞう。
⑨しょうどくえき。
⑩欠席のべんかい。
⑪そふぼに会う。
⑫おぼれた人をすくう。
⑬先生にしじする。
⑭ガスちゅうどく。
⑮ちょすい池をつくる。
⑯結婚式《けっこんしき》のしんぷ。
⑰こうがくの買い物。
⑱職場《しょくば》にふっきする。
⑲絹《きぬ》のおりもの。
⑳罪《つみ》をこくはくする。
㉑さくらいろの着物。
㉒めんかの栽培《さいばい》。
㉓かくじつな方法。
㉔してんと力点。
㉕じょうねつを傾《かたむ》ける。
㉖ぞうきばやしで遊ぶ。
㉗木のみきに登る。
㉘水かさがます。
㉙えだまめを食べる。
㉚おなかがはる。
㉛寒いのであつぎする。
㉜れきぜんとした差。
㉝米のほうさくを祈《いの》る。
㉞こうぎょう収入《しゅうにゅう》。
㉟ぜったい多数で勝つ。
㊱しょうぼう車が通る。
㊲努力がしょういんだ。
㊳とくてんが入る。
㊴きゅうぎ大会に出る。
㊵事業のしきん。
㊶平静をたもつ。
㊷手本をしめす。
㊸隣《となり》とのきょうかい線。
㊹家をるすにする。
㊺本のしんかんが出る。
㊻ほとけ様を拝《おが》む。
㊼さんせいの液体《えきたい》。
㊽少年がひこうに走る。
㊾服のかたがみを取る。
㊿重要なごくを覚える。

テスト 4

1 漢字の読み方を書こう。

何度も取り組むために、なるべく書き込まずにノートで練習しよう。

1回目　2回目　3回目

解答▼別冊45ページ

① 税金を納《おさ》める。
② 個人の意見の尊重《そんちょう》。
③ 身長を測る。
④ 粉雪がちらつく。
⑤ 想像上の動物。
⑥ 畑を耕す。
⑦ 料金を精算する。
⑧ 気の毒な人だ。
⑨ 往年の名作。
⑩ 大臣が辞職する。
⑪ 能力が高い。
⑫ 犬を飼っている。
⑬ 遠足の弁当を作る。
⑭ 伝統を守る。
⑮ 電話を保留にする。
⑯ 知人を家に招く。
⑰ 海外留学する。
⑱ 成績が上がる。
⑲ 厚い本を読む。
⑳ 身長の平均を出す。
㉑ 紙が破れる。
㉒ 友人に再会する。
㉓ 消費者を守る。
㉔ 海外に出張する。
㉕ 前後の見境がない。
㉖ 病院の産婦人科。
㉗ やせて体重が減る。
㉘ 火事を防ぐ。
㉙ 人質《ひとじち》を解放する。
㉚ 高い評価を得る。
㉛ 史上最高の気温。
㉜ 素行が悪い。
㉝ 快適な部屋。
㉞ 版画を刷る。
㉟ 絵に興味がある。
㊱ 主役を演じる。
㊲ 社長に報告する。
㊳ 彼女《かのじょ》は私《わたし》の妻です。
㊴ 豊かな資源《しげん》。
㊵ 本を刊行する。
㊶ 授業《じゅぎょう》の復習をする。
㊷ 大会を運営する。
㊸ 居間でくつろぐ。
㊹ 仏教の信仰《しんこう》。
㊺ 友人に本を貸す。
㊻ 易しい問題。
㊼ ヒマラヤ山脈。
㊽ 息を殺す。
㊾ 利益《りえき》を得る。
㊿ 毎日の習慣。

2 漢字にして書こう。

何度も取り組むために、なるべく書き込まずにノートで練習しよう。

1回目　2回目　3回目

解答 ▼別冊45ページ

①せいけん放送を見る。
②ぶきを捨《す》てる。
③提案《ていあん》がかけつされる。
④車がたいはする。
⑤けんてい試験《しけん》。
⑥さか上がりをする。
⑦旅人をみちびく。
⑧生死のさかいめ。
⑨持ち物をけんさする。
⑩昆虫《こんちゅう》さいしゅう。
⑪そんしつを被《こうむ》る。
⑫じょうほうを集める。
⑬心からしゃざいする。
⑭異物《いぶつ》のこんにゅう。
⑮人数のげんしょう。
⑯えいぞくする事業。
⑰ひさしぶりに会う。
⑱大学でこうぎを聞く。
⑲こうひょうな製品《せいひん》。
⑳えいせい面に注意。
㉑ぼうさい活動。
㉒体がこえる。
㉓かこをふり返る。
㉔人とくらべる。
㉕あつりょくをかける。
㉖お菓子があまる。
㉗しじつに基《もと》づく映画《えいが》。
㉘問題をとく。
㉙ぼうふうに注意する。
㉚電車がせっきんする。
㉛建物をしゅうりする。
㉜非営利《ひえいり》のききん。
㉝教育せいどを考える。
㉞病がかいほうに向かう。
㉟むちゅうで走る。
㊱たいがの流れ。
㊲まだみゃくがある。
㊳車をこいにぶつける。
㊴ようけんを伝える。
㊵災害《さいがい》にそなえる。
㊶船でこうこうする。
㊷憲法《けんぽう》のじょうぶん。
㊸路上でえんぜつする。
㊹素行がおさまる。
㊺父は理想しゅぎ者だ。
㊻せいこんつきはてる。
㊼きせい虫に注意する。
㊽ぼうどうが起こる。
㊾失敗をせめる。
㊿ざいさんを築《きず》く。

自分が考えた最強の勉強方法を書き出してみよう。

自分のけテぶれを6つのポイントで振り返ってみよう。

今までの「大分析」を見返して、自分の最強の勉強方法について考えてみましょう。

分析のポイント	テストのポイント	計画のポイント

やる気アップのコツ	集中力アップのコツ	練習のポイント

この問題集では、漢字の勉強をしつつ、「けテぶれ」という勉強の方法について学び、身に付けてきました。

自分で勉強をするときには、「計画、テスト、分析、練習」のサイクルを回せばいい、ということがわかったでしょうか。

そして、右のページには、そのサイクルを実際に回してみてわかったポイントを書き込むことができたでしょうか。これこそが、この本で得られる最大の学びです。自分にあった学び方、自分なりの成功の秘訣《ひけつ》。これは、「自分でやってみて、その結果から、自分で見つけ出す」ことでしか手に入らないのです。

第1章でお伝えしたことを思い出してください。勉強というゲームでレベルアップするのは「自分自身」でしたね。その「自分自身」をレベルアップさせるための方法や秘訣が見えてきた、ということです。これはとてもすごいことなのですよ。

今後も自分で勉強をするときや、習い事やクラブで自分で練習をするときにはぜひ、ぜひ、右に書いたコツやポイントを使ってみてください。そして、その感覚をまた自分で振り返って、あなた自身の「けテぶれ」をどんどんみがき上げてください。きっとそれは、あなたの人生を支える、とても大切で強力な知恵となるでしょう。

そしてもう一つ。この問題集を通じて、「自分でやる」ということの価値や楽しさに気づけたでしょうか。自分で考えて、自分でやってみて、自分で結果を受け取り、そこからまた自分の足で一歩進む。これって、本当に楽しいことなのです。

でも、自分でやるってどうやるの？　そのための合言葉こそ「けテぶれ」です。これからもぜひ、あなたなりの「けテぶれ」をみがき続け、自分の人生を、自分で歩む、頼もしい大人になってください。

この問題集を手に取ってくれてありがとう！

２０２３年１月吉日　葛原 祥太

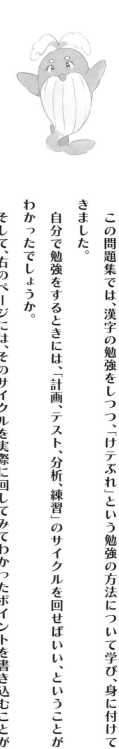

著者　葛原《くずはら》 祥太《しょうた》

兵庫県の公立小学校教員。1987年、大阪府生まれ。同志社大学を卒業後、兵庫教育大学大学院を修了し、現職に就く。2019年に刊行した『「けテぶれ」宿題革命！』(学陽書房)は、発売後即重版。教師向け教育書としては異例の2万部を売り上げ、今なお重版がかかり続けている。2020年には朝の情報番組「ノンストップ!」で取り上げられ、話題になる。全国で「けテぶれ」に取り組む学校が急増しており、ボトムアップでの教育改革に取り組んでいる。2022年には、子どもたち自身が読める『マンガでわかる　けテぶれ学習法』(KADOKAWA)を刊行し、こちらも発売後即重版。子どもたちに「けテぶれ」を伝える取り組みを続けている。

イラスト・漫画　雛川《ひなかわ》 まつり

兵庫県・淡路島在住のイラストレーター。小説作品の装画のほか、学校・図書館の児童向け学習マンガなどを手掛ける。第22回電撃大賞〈イラスト金賞〉受賞・第1回新コミックエッセイプチ大賞受賞。装画・挿絵・漫画を担当したものに、『今日は何の日?　366日の感動物語』(学研プラス)、『黄昏公園におかえり』(ドワンゴIIV)などがある。

装丁／AFTERGLOW
校正／株式会社鷗来堂
編集協力／有限会社マイプラン、沖元友佳

けテぶれ学習法《がくしゅうほう》　漢字練習《かんじれんしゅう》　小学《しょうがく》5年生《ねんせい》

2023年 2 月25日 初版発行

［著　者］　葛原《くずはら》 祥太《しょうた》
［イラスト・漫画］　雛川《ひなかわ》 まつり
［発 行 者］　山下 直久
［発　行］　株式会社KADOKAWA
〒102-8177
東京都千代田区富士見2-13-3
電話 0570-002-301(ナビダイヤル)
［印 刷 所］　株式会社加藤文明社印刷所

●お問い合わせ
https://www.kadokawa.co.jp/(「お問い合わせ」へお進みください)
※内容によっては、お答えできない場合があります。
※サポートは日本国内のみとさせていただきます。
※Japanese text only

定価はカバーに表示してあります。

ISBN 978-4-04-606041-9　C6081

漢字練習 小学5年生

解答・解説

この別冊を取り外すときは，本体からていねいに引き抜いてください。
なお，この別冊抜き取りの際に損傷が生じた場合の
お取り替えはお控えください。

KADOKAWA

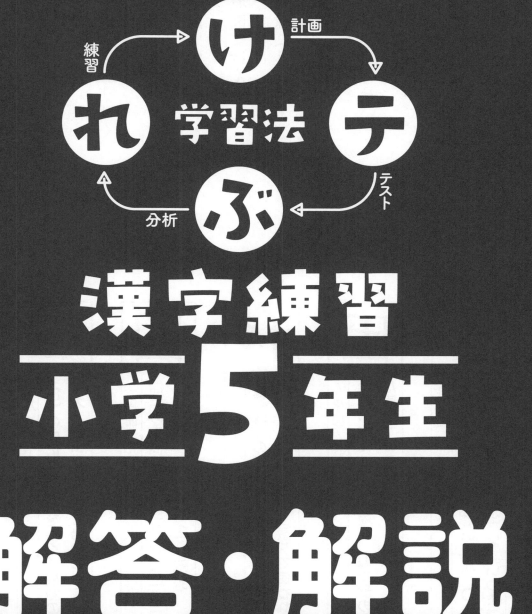

漢字学習 [1]

問題 ▼本冊20ページ

解答 第1タームの1

① 圧力（あつりょく）
② 周囲（しゅうい）
③ 移動（いどう）
④ 原因（げんいん）
⑤ 永遠（えいえん）
⑥ 運営（うんえい）
⑦ 衛星（えいせい）
⑧ 安易（あんい）
⑨ 利益（りえき）
⑩ 液体（えきたい）

テ 書き　丸付けのポイント

① 圧力　⑪ 圧勝

「圧」の中には「土」を書く。横画の長さに注意。「圧勝」は「他を大きく引きはなして勝つこと」。

② 周囲　⑫ 囲（い）

「囲」の中は「井戸」の「井」。「井」の三画目は左側にはらう。「井」の音から、「囲」も「イ」と読む。

③ 移動　⑬ 移（す）

「移」は「のぎへん」であることに注意。「移動」「移住」など「うつる・かわる」という意味で使われる。

④ 原因　⑭ 勝因

「因」の中には「大」を書く。似《に》た形の漢字に注意。「勝因」は「勝った原因」のこと。

⑤ 永遠　⑮ 永続

「永」は、「水」に似ているが、○の部分に注意。縦画《たてかく》のはねまでを一画で書く。「永」は「いつまでも続く」という意味。

⑪ 圧勝（あっしょう）

⑫ 囲い（かこ〈い〉）

⑬ 移す（うつ〈す〉）

⑭ 勝因（しょういん）

⑮ 永続（えいぞく）

⑯ 営む（いとな〈む〉）

⑰ 衛生（えいせい）

⑱ 易しい（やさ〈しい〉）

⑲ 有益（ゆうえき）

⑳ 消毒液（しょうどくえき）

⑥ 運営 ⑯ 営（む）

「営む」は「事業や物事を行う」こと。「口」と「口」の間につながっている画があることに注意。

⑦ 衛星 ⑰ 衛生

○の部分は上につき出る。「衛生」と「衛星」の使い分けに注意する。「衛生」は「清潔《せいけつ》にして健康を保《たも》つこと」。

⑧ 安易 ⑱ 易（しい）

「場」とちがって横画はいらないことに注意。「安易」と似た意味に「平易」がある。「簡単《かんたん》なこと」という意味。

⑨ 利益 ⑲ 有益

「益」の上の点は二つ。下は「目」ではなく「皿」であることにも注意。「有益」は「利益があること」という意味。

⑩ 液体 ⑳ 消毒液

「イ」（にんべん）を書く位置に注意。「液」は、「さんずい」と「よる」と覚えよう。水のような状態《じょうたい》のものを表す漢字。

漢字学習【2】

問題 ▼本冊24ページ

解答

第1タームの2

① 演じる（えん（じる））
② 応答（おうとう）
③ 往年（おうねん）
④ 桜色（さくらいろ）
⑤ 可能（かのう）
⑥ 仮（かり）
⑦ 物価（ぶっか）
⑧ 河川（かせん）
⑨ 過去（かこ）
⑩ 快方（かいほう）

テ 書き　丸付けのポイント

演（つき出さない）

① 演（じる）　⑪ 演説

○部分、上につき出さないように注意する。「演説」とは、「大《おお》勢《ぜい》の前で自分の主張《しゅちょう》を話すこと」。

応（わすれずに）

② 応答　⑫ 応対

「がんだれ」ではなく「まだれ」を書く。「応」は「要求などにこたえる」という意味で使われる。

往（わすれずに）

③ 往年　⑬ 往復

「にんべん」ではなく「ぎょうにんべん」を書く。「往」は「行くこと」を意味する漢字。「往年」は「過《す》ぎ去った昔」のこと。

桜（点の向き）

④ 桜色　⑭ 夜桜

上の三つの点の向きに注意。「夜桜」は「夜に見る桜の花」を意味する場合と、「夜にする桜の花見」を意味する場合がある。

可（はねる）

⑤ 可能　⑮ 可決

最後の縦画《たてかく》は、はねる。「可決」は「よいとみとめて決めること」。「可」は「よい・できる」という意味で使われる。

⑪ 演説（えんぜつ）
⑫ 応対（おうたい）
⑬ 往復（おうふく）
⑭ 夜桜（よざくら）
⑮ 可決（かけつ）
⑯ 仮定（かてい）
⑰ 価格（かかく）
⑱ 大河（たいが）
⑲ 過ぎた（す〈ぎた〉）
⑳ 快適（かいてき）

はらう

⑥仮 ⑯仮定

四画目も五画目も左にはらう。「仮」は、「本当ではない」という意味で使われる漢字。

西ではない

⑦物価 ⑰価格

○部分、「西」ではなく、まっすぐ縦《たて》に二本書くことに注意。「物価」は「物の平均的《へいきんてき》な値段《ねだん》」のこと。

はねる

⑧河川 ⑱大河

最後の縦画は、はねる。「河」も「川」も「かわ」のことで、「河川」は「大小さまざまなかわの総称《そうしょう》」。

口ではない

⑨過去 ⑲過（ぎた）

○部分、口ではなく、右の縦画にくっつけて書く。下には口を書くので、形のちがいに注意。

つき出る
縦画なし

⑩快方 ⑳快適

右側は「央」ではなく、○部分の縦画がないことに注意。六画目は上につき出して書く。「気分がよい」という意味で使われる。

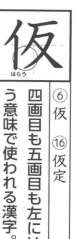

漢字学習【3】

問題 ▼本冊28ページ

解答

第１タームの３

①解放（かいほう）
②合格（ごうかく）
③確実（かくじつ）
④金額（きんがく）
⑤刊行（かんこう）
⑥幹（みき）
⑦習慣（しゅうかん）
⑧眼科（がんか）
⑨紀行（きこう）
⑩基本（きほん）

テ 書き 丸付けのポイント

つき出ない
つき出る

①解放 ⑪解（く）

右側は「刀」と「牛」を書く。つき出る画とつき出ない画に注意。「問題を解く」以外に、「ほどく」という意味でも使われる。

とめる

②合格 ⑫格式

「格」は、「決まり・位置づけ」という意味で使われる漢字。「格式」とは、「決まっている礼儀《れいぎ》や作法のこと」。

通る位置注意

③確実 ⑬確（かめる）

右側は「うかんむり」と「ふるとり（隹）」に分けて書かない。〇の画の通る位置に注意。「確実」は「まちがいのないこと」。

わすれずに

④金額 ⑭高額

左側は「各」ではなく「客」を書く。「うかんむり」をわすれずに。「金額」も「高額」も「お金の分量」を意味する言葉。

つき出ない

⑤刊行 ⑮新刊

左側の部分は、上につき出さない。横画は二本であることにも注意。「刊行」とは、「書籍《しょせき》などを印刷して世に出すこと」。

⑪ 解く（と〈く〉）

⑫ 格式（かくしき）

⑬ 確かめる（たし〈かめる〉）

⑭ 高額（こうがく）

⑮ 新刊（しんかん）

⑯ 幹線（かんせん）

⑰ 慣れる（な〈れる〉）

⑱ 眼前（がんぜん）

⑲ 紀元（きげん）

⑳ 基金（ききん）

幹（わすれずに）

⑥ 幹　⑯ 幹線

右側は「干」ではなく、上に「ひとやね（𠆢）」がつく。「幹線」は「主な道筋《みちすじ》となる線」という意味で、道路や鉄道などに使われる。

慣（母ではない）

⑦ 習慣　⑰ 慣（れる）

○の部分は、「母」とはつき出る部分や縦画《たてかく》などの形がちがう。「習慣」は同じ読みの「週刊・週間」との使い分けに注意。

眼（点つけない）

⑧ 眼科　⑱ 眼前

右側は「良」ではなく、上に点は書かない。「眼」は「眼科」「眼球」など、「目」よりも専門的《せんもんてき》な用語で使われることが多い。

紀（はねる）

⑨ 紀行　⑲ 紀元

九画目の最後は上にはねる。「紀行（文）」は「旅行中に体験したことや感じたことを書いた文章」のこと。

基（横に出ない）

⑩ 基本　⑳ 基金

一画目と六画目は横につき出すが、四・五画目はつき出さない。「基金」は「ある目的のために準備《じゅんび》しておく資金《しきん》」のこと。

漢字学習【4】

問題 ▼本冊32ページ

解答

第1タームの4

①寄付（きふ）
②規則（きそく）
③喜ぶ（よろこ〔ぶ〕）
④技術（ぎじゅつ）
⑤正義（せいぎ）
⑥逆転（ぎゃくてん）
⑦久しぶり（ひさ〔しぶり〕）
⑧旧式（きゅうしき）
⑨救急（きゅうきゅう）
⑩同居（どうきょ）

テ 書き 丸付けのポイント

①寄付 ⑪寄生

六画目は、はらわずとめる。「寄生」とは、「他のはたらきにたより、生きていくこと」。同音の「規制」との書き分けに注意。

②規則 ⑫規制

四画目は、はらわずとめる。「規制」とは、「規則にしたがって物事を制限《せいげん》すること」。同音の「寄生」との書き分けに注意。

③喜（ぶ） ⑬悲喜

横画の長さに注意。上を長く、下を短く書く。「悲喜こもごも」は「悲しいこととうれしいことを代わる代わる味わうこと」。

④技術 ⑭球技

○の部分、ぴったりくっつけず、少し間を空けて書くことに注意。「技」は「わざ・腕前《うでまえ》」という意味で使われる漢字。

⑤正義 ⑮主義

横画の本数に注意。また、十二画目のはらい、十三画目の点もわすれずに。「主義」とは、「持ち続けている考え」のこと。

⑪ 寄生（きせい）

⑫ 規制（きせい）

⑬ 悲喜（ひき）

⑭ 球技（きゅうぎ）

⑮ 主義（しゅぎ）

⑯ 逆（さか）

⑰ 持久（じきゅう）

⑱ 旧制（きゅうせい）

⑲ 救う（すく（う））

⑳ 居間（いま）

⑥ 逆転　⑯ 逆

六画目は、上につき出ないように注意し、左にはらう。「逆」は、「さかさま・さからう」という意味で使われる漢字。

⑦ 久（しぶり）　⑰ 持久

三画目は右にはらう。「キュウ・ク」と読むが、カタカナの「ク」ではない。三画目の右はらいをわすれずに書くこと。

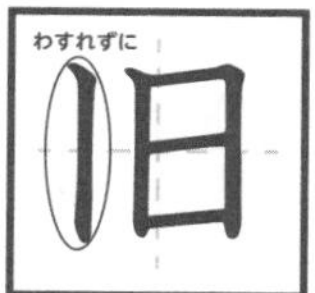

⑧ 旧式　⑱ 旧制

「旧式」は「古い方式」、「旧制」は「古い制度」のように、「旧」は「古い」という意味で使われる。

⑨ 救急　⑲ 救（う）

七画目の点をわすれずに書くこと。「球」は「求」を右側に書くが、「救」は「求」を左側に書くことに注意。

⑩ 同居　⑳ 居間

一画目よりも、四画目の横画を長めに書くとよい。「居」は、「いる・すむ」という意味で使われる漢字。

漢字学習 [5]

問題 ▼本冊36ページ

第1タームの5

解答

① 許す（ゆる〈す〉）
② 苦境（くきょう）
③ 見境（みさかい）
④ 平均（へいきん）
⑤ 禁止（きんし）
⑥ 句点（くてん）
⑦ 型紙（かたがみ）
⑧ 経験（けいけん）
⑨ 清潔（せいけつ）
⑩ 用件（ようけん）

テ 書き 丸付けのポイント

① 許（す）　⑪ 許可

○の部分、上につき出さないように注意。「午」ではなく「午」を書くと覚える。「許可」とは、「ある行為《こうい》を許すこと」。

② 苦境　⑫ 境界
③ 見境　⑬ 境目

○の部分は、「土」ではなく「立」を書く。「見境」は「前後の区別」や「見分け」「判別《はんべつ》」のこと。

④ 平均　⑭ 均等

右側は「勺」ではなく、最後に右上にはらうのをわすれない。「均等」とは、「たがいに平等で差がないこと」。

⑤ 禁止　⑮ 禁（じる）

最後の画は、とめる。横画は、九画目と十画目の二本書くことにも注意。「禁じる」とは、「してはいけないと止める」こと。

⑥ 句点　⑯ 語句

○の部分には「口」を書く。文末に付ける「句点」と、文中の意味の切れ目に付ける「読点」を合わせて、「句読点」という。

⑪許可（きょか）
⑫境界（きょうかい）
⑬境目（さかいめ）
⑭均等（きんとう）
⑮禁じる（きん〔じる〕）
⑯語句（ごく）
⑰典型（てんけい）
⑱経営（けいえい）
⑲潔白（けっぱく）
⑳要件（ようけん）

型
はねる
左にはらう

⑦型紙　⑰典型

三画目は左にはらう。六画目ははねることに注意。「典型的」とは、「その特徴《とくちょう》をよくあらわしている様子」のこと。

経
少し空ける

⑧経験　⑱経営

○部分は、ぴったりくっつけずに、少し空けて書くこと。「経」の訓読みは「へ（る）」で、「時がたつ」という意味を表す。

潔
横画は３本

⑨清潔　⑲潔白

○部分の横画は三本で、三本目は右なめ上に向かってはらう。「潔白」は「心や行いが清く正しいこと」。

件
つき出す

⑩用件　⑳要件

最後の縦画《たてかく》は上につき出して書く。「用件」は「伝えるべき事柄《ことがら》」、「要件」は「大切な用事」のこと。使い分けに注意。

漢字学習【6】

問題 ▼本冊44ページ

第2タームの1

解答

①保険（ほけん）
②検定（けんてい）
③限度（げんど）
④現実（げんじつ）
⑤減少（げんしょう）
⑥事故（じこ）
⑦個人（こじん）
⑧保護（ほご）
⑨効果（こうか）
⑩厚い（あつ〈い〉）

テ 書き　丸付けのポイント

つき出ない
部首に注意

①保険　⑪険（しい）

○の部分は、上につき出ない。同じ音で形の似《に》ている「検」との使い分けに注意。「険」は「けわしい・あぶない」という意味。

つき出ない
部首に注意

②検定　⑫点検

○の部分は、上につき出ない。同じ音で形の似ている「険」との使い分けに注意。「検」は「調べる」という意味。

点は不要

③限度　⑬限（る）

右側は「良」ではなく、上に点は不要。「限度」とは、「そこまでと限られている程度《ていど》」のこと。

右上にはらう

④現実　⑭現（す）

「現す」は「見えなかったものを見えるようにする」こと。「思いや考えを示《しめ》す」という意味の「表す」との使い分けに注意。

わすれずに

⑤減少　⑮減（る）

○の部分の「二」をわすれずに書くこと。「減少」は「減る」と「少ない」で、似た意味の漢字を組み合わせた熟語《じゅくご》。

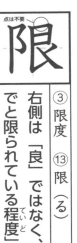

⑪険しい（けわ〔しい〕）

⑫点検（てんけん）

⑬限る（かぎ〔る〕）

⑭現す（あらわ〔す〕）

⑮減る（へ〔る〕）

⑯故意（こい）

⑰個室（こしつ）

⑱護岸（ごがん）

⑲効く（き〔く〕）

⑳厚着（あつぎ）

故

古は左側

⑥事故　⑯故意

音を表す「古」を左側に書くことに注意。「故意に」は「わざと」であること。

個

部首はにんべん

⑦個人　⑰個室

「固」の音から、「個」も「コ」と読む。「人」と「固（かたい）」を合わせて、「独立《どくりつ》した一人ひとりの人間」を表している。

護

わすれずに

⑧保護　⑱護岸

右側の上に「くさかんむり」をわすれずに。「護岸」は「水害を防《ふせ》ぐために、河岸《かがん》や海岸を堤防《ていぼう》などで保護するもの」。

効

つき出す

⑨効果　⑲効（く）

右側は「力」。「効く」は「効果やはたらきが表れること」。同じ読みの「聞く・聴く」との使い分けに注意。

厚

はらい不要

⑩厚（い）　⑳厚着

「原」とちがい、○部分にはらいは不要。「厚い」は「あつみ、ぶあつさ」を表す。「暑い・熱い」との使い分けに注意。

漢字学習【7】

問題 ▼本冊48ページ

解答

第2タームの2

① 耕地（こうち）
② 航空（こうくう）
③ 鉱山（こうざん）
④ 構図（こうず）
⑤ 興味（きょうみ）
⑥ 講習（こうしゅう）
⑦ 告白（こくはく）
⑧ 混入（こんにゅう）
⑨ 調査（ちょうさ）
⑩ 再会（さいかい）

テ 書き　丸付けのポイント

① 耕地　⑪ 耕（す）

○の部分の横画は三本。左右とも横画が多いので本数に注意する。「耕地」とは、「農作物をつくるための土地」のこと。

② 航空　⑫ 航行

右側の上に「なべぶた」を書くのをわすれない。「航」は「船や飛行機が進む」という意味で使われる漢字。

③ 鉱山　⑬ 鉱物

○の部分は、右上にはらう。「鉱」は、「金属《きんぞく》」という意味と「広（コウ）」という音を合わせた漢字。

④ 構図　⑭ 構（える）

○の部分の横画は三本。右側は縦画《たてかく》・横画ともに本数が多く、つき出る場所とつき出ない場所もややこしいので注意。

⑤ 興味　⑮ 興行

一画目ははらうが、十一画目は折れる。左右でちがうことに注意。「興行」とは、「観客を集めて見せる催《もよお》し物」のこと。

⑪ 耕す（たがや〈す〉）

⑫ 航行（こうこう）

⑬ 鉱物（こうぶつ）

⑭ 構える（かま〈える〉）

⑮ 興行（こうぎょう）

⑯ 講義（こうぎ）

⑰ 告げる（つ〈げる〉）

⑱ 混ぜる（ま〈ぜる〉）

⑲ 検査（けんさ）

⑳ 再び（ふたた〈び〉）

構とのちがいに注意

⑥講習 ⑯講義

横画の本数に注意。同じ音で形の似《に》ている「構」との使い分けに注意。「講」は「わかるように話す・説明する」という意味。

つき出る

⑦告白 ⑰告（げる）

○の部分は、上にはつき出すが、下にはつき出さない。「牛」にしてしまわないように注意する。

左右のちがいに注意

⑧混入 ⑱混（ぜる）

○の部分の「ヒ」は左右で形がちがうことに注意。左は右上にはらうが、右は曲げてから上にはねる。

目ではなく且

⑨調査 ⑲検査

○の部分は「目」ではなく「且」。下の横画を長く書く。「査」は、「調査・検査」など「調べる」という意味で使われる漢字。

つき出ない
左右につき出す

⑩再会 ⑳再（び）

縦画は上下につき出さない。横画は左右につき出して書く。「再会」は「再び会うこと」、「再開」は「再び始めること」。

漢字学習【8】

問題 ▼本冊52ページ

第2タームの3

解答

① 災害（さいがい）
② 妻（つま）
③ 採る（と〈る〉）
④ 実際（じっさい）
⑤ 実在（じつざい）
⑥ 財（ざい）
⑦ 罪（つみ）
⑧ 殺す（ころ〈す〉）
⑨ 雑談（ざつだん）
⑩ 酸化（さんか）

テ 書き　丸付けのポイント

① 災害　⑪ 防災

上の「く」は三つ書く。「災」は「わざわい・悪いできごと」という意味。「防災」は「わざわいを防《ふせ》ぐこと」。

② 妻　⑫ 妻子

○の部分、「ヨ」ではなく右につき出す。横画の本数にも注意。最後の八画目の横画を一番長く書くとよい。

③ 採（る）　⑬ 採集

○の部分のはらいをわすれない。「採る」は「選び出す」という意味。同じ読みの「取る・撮《と》る」などとの使い分けに注意。

④ 実際　⑭ 国際

○の部分、「夕」ではなく点を二つ書くことに注意。「実際」とは、「本当に・たしかに」という意味。

⑤ 実在　⑮ 在（り）

○の部分、はらいより縦画《たてかく》が少し上につき出るように書くこと。「在る」は「存在《そんざい》する」という意味。

⑪ 防災（ぼうさい）
⑫ 妻子（さいし）
⑬ 採集（さいしゅう）
⑭ 国際（こくさい）
⑮ 在り（あ〈り〉）
⑯ 財産（ざいさん）
⑰ 謝罪（しゃざい）
⑱ 必殺（ひっさつ）
⑲ 雑木林（ぞうきばやし）
⑳ 酸性（さんせい）

⑥財 ⑯財産

○の部分、「寸」ではなく「才」を書くことに注意。十画目のはらいは、縦画より少し右につき出す。

⑦罪 ⑰謝罪

左右の横画の本数に注意。九画目は右に向かってはらう。「罪」は「悪い行い」のこと。

⑧殺（す） ⑱必殺

○の部分は上にはねる。「必殺技《わざ》」は「相手を必ず打ち負かせる、とっておきの技」のこと。

⑨雑談 ⑲雑木林

○の部分のはらいと点の、位置と長さのちがいに注意。「雑木林」とは、「さまざまな木が入り混《ま》じって生えている林」のこと。

⑩酸化 ⑳酸性

左側は「西」ではなく「酉」。下の横画をわすれずに書くこと。「酸」は「すっぱいもの」を意味する。

漢字学習〔9〕

第2タームの4

解答

①賛成（さんせい）
②士気（しき）
③支点（してん）
④史上（しじょう）
⑤意志（いし）
⑥枝（えだ）
⑦医師（いし）
⑧資本（しほん）
⑨飼って（か〈って〉）
⑩志す（こころざ〈す〉）

問題 ▼本冊56ページ

テ 書き 丸付けのポイント

とめる

①賛成 ⑪賛同

上に「夫」を二つ書くが、○の部分ははらわずとめることに注意。「賛同」とは、「他人の意見に同意すること」。

上を長く

②士気 ⑫同士

「士」とはちがい、上の横画を長く、下を短く書くことに注意。「士気」とは、「戦いに対する意気込《いきご》みのこと」。

少し空ける

③支点 ⑬支（える）

○の部分、ぴったりくっつけずに、少し空ける。「又」の部分より、一画目の横画を長く書くとよい。

つき出して交わる

④史上 ⑭史実

○の部分の交わり方に注意。左につき出してはらう。「史」は、「歴史」や「出来事の記録」を意味する漢字。

上の横画を長く

⑤意志 ⑮志願
⑩志（す） ⑳志望

上の部分は「土」ではなく「士」。上の横画を長く書くことに注意。「志す」とは、「あることをしようと思い定めること」。

⑪ 賛同（さんどう）
⑫ 同士（どうし）
⑬ 支える（ささ〔える〕）
⑭ 史実（しじつ）
⑮ 志願（しがん）
⑯ 枝豆（えだまめ）
⑰ 師事（しじ）
⑱ 資金（しきん）
⑲ 飼育（しいく）
⑳ 志望（しぼう）

枝
少し空ける

⑥ 枝 ⑯ 枝豆

○の部分は、少し空ける。「枝」は、「木」という意味と「支（シ）」という音を合わせた漢字。

師
わすれずに
点はかかない

⑦ 医師 ⑰ 師事

一画目のはらいをわすれない。右側は「市」とはちがい、上に点はつけない。「師」は、「先生・教え導《みちび》く人」という意味。

資
さんずいではない

⑧ 資本 ⑱ 資金

○の部分は、「さんずい」ではなく「にすい」。点の数に注意。「資本」とは、「商売や事業をするのに必要なお金」のこと。

飼
食と形がちがう

⑨ 飼（って） ⑲ 飼育

左側は「しょくへん（飠）」で、「食」とは下の部分の形がちがうので注意。「飼う」とは、「動物を養い育てること」。

漢字学習 10

問題 ▼本冊60ページ

解答 第2タームの5

① 指示（しじ）
② 似ている（に〈ている〉）
③ 意識（いしき）
④ 質問（しつもん）
⑤ 校舎（こうしゃ）
⑥ 感謝（かんしゃ）
⑦ 授業（じゅぎょう）
⑧ 修学（しゅうがく）
⑨ 記述（きじゅつ）
⑩ 修める（おさ〈める〉）

テ 書き 丸付けのポイント

① 指示 ⑪ 示（す）

○の部分は、はらわずとめる。「指示」とは、「さしずすること」。同音の「支持・師事」との使い分けに注意。

② 似（ている） ⑫ 似顔絵

○の部分の接《せっ》し方に注意。「レ」ではなく、少し左につき出して書く。五画目の点をわすれずに書くこと。

③ 意識 ⑬ 識別

○の部分の点やはらいをわすれない。形の似《に》ている「織・職」との使い分けに注意。「識」は「知る・見分ける」という意味。

④ 質問 ⑭ 質素

形の似ている「賛」とまちがえないように注意。一画目も二画目もはらう。「質素」とは、「かざりけがないこと」。

⑤ 校舎 ⑮ 寄宿舎

○の部分、「告」のようにはらいをつけない。「寄宿舎」は、「学校や会社が学生や社員のために提供《ていきょう》する共同の住宅《じゅうたく》」のこと。

⑪ 示す（しめ〈す〉）
⑫ 似顔絵（にがおえ）
⑬ 識別（しきべつ）
⑭ 質素（しっそ）
⑮ 寄宿舎（きしゅくしゃ）
⑯ 謝礼（しゃれい）
⑰ 授賞（じゅしょう）
⑱ 修まる（おさ〈まる〉）
⑲ 述べる（の〈べる〉）
⑳ 修理（しゅうり）

⑥ 感謝 ⑯ 謝礼

○の部分、右につき出して書くことに注意。「謝」は、「感謝」や「謝礼」のように「お礼をする」という意味で使われる。

⑦ 授業 ⑰ 授賞

○の部分のはらいをわすれない。「授」は、「さずける・与《あた》える」という意味を表す漢字。

⑧ 修学 ⑱ 修（まる）
⑩ 修（める） ⑳ 修理

○の部分の縦画《たてかく》をわすれない。「修まる」は「行いがまともになる」という意味。「収まる・治まる」などとの使い分けに注意。

⑨ 記述 ⑲ 述（べる）

○の部分は、はねずにとめる。五画目の点をわすれない。「述べる」とは、「口に出して言う」こと。

漢字学習［11］

問題 ▼本冊68ページ

テ 書き　丸付けのポイント

①話術　⑪芸術

〇の部分、はねずにとめる。八画目の点をわすれない。「術」は、「わざ・方法」という意味を表す。

②準（ずる）　⑫準備

「氵」はへんの位置ではなく、「十」の上に収《おさ》まるように書く。「準ずる」とは、「あるものを基準《きじゅん》にしてそれにならうこと」。

③順序　⑬序文

最後の七画目は、はねる。「序文」とは、「書物のはじめに書き記した文章」のことで、「序」は「物事の始まり」を意味する。

④招（く）　⑭招待

〇の部分は、「力」ではなく「刀」。上につき出さない。「招く」とは、「人を呼《よ》び寄《よ》せる」という意味。

⑤証人　⑮証言

右側には「正」を書く。「証人」や「証言」など、「証」は、「明らかにする」という意味を表す。

解答

第３タームの１

① 話術（わじゅつ）
② 準ずる（じゅん（ずる））
③ 順序（じゅんじょ）
④ 招く（まね（く））
⑤ 証人（しょうにん）
⑥ 象（ぞう）
⑦ 賞品（しょうひん）
⑧ 条文（じょうぶん）
⑨ 白状（はくじょう）
⑩ 常（つね）

⑪ 芸術（げいじゅつ）

⑫ 準備（じゅんび）

⑬ 序文（じょぶん）

⑭ 招待（しょうたい）

⑮ 証言（しょうげん）

⑯ 印象（いんしょう）

⑰ 賞金（しょうきん）

⑱ 条件（じょうけん）

⑲ 年賀状（ねんがじょう）

⑳ 日常（にちじょう）

⑥ 象　⑯ 印象

〇の部分は、点ではなく「ク」の形を書く。「象」は、「長い鼻のゾウ」の形からできた「象形文字」。

⑦ 賞品　⑰ 賞金

上の〇の部分は「ツ」ではなく、一画目はまっすぐ縦《たて》に書く。「貝」の上に平たく「口」を書くのをわすれない。

⑧ 条文　⑱ 条件

「夂」ではなく、二画目と三画目が交わるようにはらう。「条文」とは、「法令・条約などを箇条書《かじょうが》きにした文」のこと。

⑨ 白状　⑲ 年賀状

最後の点をわすれずに書くこと。「白状する」とは、「かくしていた事実や罪《つみ》を申し述《の》べること」。

⑩ 常　⑳ 日常

二か所の〇の部分の、はね方の形のちがいに注意。「常に」とは、「いつも・どんな時でも」という意味。

漢字学習【12】

問題 ▼本冊72ページ

テ 書き 丸付けのポイント

第3タームの2

解答

① 情熱（じょうねつ）
② 組織（そしき）
③ 職業（しょくぎょう）
④ 制度（せいど）
⑤ 性格（せいかく）
⑥ 政治（せいじ）
⑦ 勢力（せいりょく）
⑧ 精算（せいさん）
⑨ 製品（せいひん）
⑩ 税金（ぜいきん）

① 情熱 ⑪ 情（け）

「月」を書くが、はらわない。「情け」とは、「他人をいたわる心」のこと。意味「心」と音「青」を合わせた漢字。

② 組織 ⑫ 織物

○の部分、「立」の横画の長さに注意。形の似《に》ている「識・職」との使い分けに注意。「織」は「布を織る」という意味。

③ 職業 ⑬ 辞職

「耳」を書くが、右につき出ないように注意。形の似ている「識・織」との使い分けに注意。「職」は「仕事」という意味。

④ 制度 ⑭ 制限

○の部分は、上につき出して書く。同じ読みの「製」との使い分けに注意。「制」は「取り決める・やめさせる」という意味。

⑤ 性格 ⑮ 個性

「りっしんべん」の二つの点の高さのちがいに注目。「性」は、「生まれつきの心・ものの特質《とくしつ》」を意味する漢字。

⑪ 情け（なさ〔け〕）

⑫ 織物（おりもの）

⑬ 辞職（じしょく）

⑭ 制限（せいげん）

⑮ 個性（こせい）

⑯ 政見（せいけん）

⑰ 勢い（いきお〔い〕）

⑱ 精根（せいこん）

⑲ 特製（とくせい）

⑳ 税務（ぜいむ）

⑥ 政治　⑯ 政見

○の横画は、右上にはらう。「政見放送」は「選挙の候補者《こうほしゃ》がテレビやラジオなどで政見の発表を行う放送」のこと。

⑦ 勢力　⑰ 勢（い）

○の横画は、右上にはらう。画数が多いので、はねるところ、はらうところを正確《せいかく》に覚えること。

⑧ 精算　⑱ 精根

○の部分は、はらわずとめる。「精根」は「事を持続させようとする気力や根気」のこと。

⑨ 製品　⑲ 特製

○の部分の縦画《たてかく》をわすれずに。同じ読みの「制」との使い分けに注意。「製」は「品物をつくる」という意味。

⑩ 税金　⑳ 税務

○の部分の二つの点をわすれずに。昔は穀物《こくもつ》を税として納《おさ》めていたことから、穀物を意味する「のぎへん」が部首になっている。

漢字学習 13

問題 ▼本冊76ページ

解答

第3タームの3

① 責任（せきにん）
② 成績（せいせき）
③ 接続（せつぞく）
④ 設備（せつび）
⑤ 絶対（ぜったい）
⑥ 先祖（せんぞ）
⑦ 素行（そこう）
⑧ 総合（そうごう）
⑨ 木造（もくぞう）
⑩ 像（ぞう）

テ 書き 丸付けのポイント

横画は3本

① 責任 ⑪ 責（める）

〇の部分の横画は三本。下の「貝」も合わせて、横画の本数に注意する。四画目の横画を一番長く書く。

横画は3本

② 成績 ⑫ 実績

「績」という漢字には「積み重ねた仕事や、その結果」という意味がある。「実績」は「実際《じっさい》に出た成績」のこと。

少し出す

③ 接続 ⑬ 接近

〇の部分、上に少しつき出して書く。上には「土」ではなく「立」を書く。「接」は、「つなぐ・近づく」という意味を表す。

はねる
少し空ける

④ 設備 ⑭ 設（ける）

上の〇部分ははねる。下の〇部分は少し空けて書く。「設ける」とは、「用意する・準備《じゅんび》する」という意味。

点ではなくク

⑤ 絶対 ⑮ 絶（える）

〇の部分は、点ではなく「ク」を書く。「絶える」とは、「続いていたものが途切《とぎ》れる」という意味。

⑪ 責める（せ〈める〉）
⑫ 実績（じっせき）
⑬ 接近（せっきん）
⑭ 設ける（もう〈ける〉）
⑮ 絶える（た〈える〉）
⑯ 祖父母（そふぼ）
⑰ 素質（そしつ）
⑱ 総力（そうりょく）
⑲ 造る（つく〈る〉）
⑳ 想像（そうぞう）

⑥先祖　⑯祖父母

○の部分、「目」ではなく、左右に出すように書く。「祖」は、「家系《かけい》のもと」という意味を表す。

⑦素行　⑰素質

○の部分の横画は三本。四画目の横画を一番長く書く。「素行」とは、「ふだんの行い」のこと。

⑧総合　⑱総力

○の部分は、「ひとやね」のようにくっつけないこと。「総」は、「一つにする・すっかり」という意味を表す。

⑨木造　⑲造（る）

○の部分のはらいをわすれずに。「造る」は、「作る」よりも規《き》模《ぼ》の大きい、形のあるものをつくるときに使う。

⑩像　⑳想像

はらいの本数と接する部分のちがいに注意する。同じ読みの「象」との使い分けに注意。「像」は「すがた・形」という意味。

漢字学習

【14】 問題 ▼本冊80ページ

テ 書き 丸付けのポイント

①増（す） ⑪増加
⑦増減 ⑰増進

「田」より「日」を細く書く。「増減」は「増《ふ》えることと減《へ》ること」という意味の、反対の意味の漢字を組み合わせた熟語《じゅくご》。

②校則 ⑫反則

最後の縦画《たてかく》ははねる。同じ読みの「測」との使い分けに注意。「則」は「決まり」という意味。

③測（る） ⑬測量
⑤観測 ⑮予測

最後の縦画ははねる。同じ読みの「則」との使い分けに注意。「測」は「はかる・予想する」という意味。

④属（する） ⑭配属

○の部分は、右上へはらう。十二画目の点をわすれずに。「属する」とは、「その集団の構成員《こうせいいん》となること」。

解答

第3タームの4

①増す（ま〔す〕）
②校則（こうそく）
③測る（はか〔る〕）
④属する（ぞく〔する〕）
⑤観測（かんそく）
⑥損（そん）
⑦増減（ぞうげん）
⑧貸す（か〔す〕）
⑨態度（たいど）
⑩団体（だんたい）

⑪増加（ぞうか）
⑫反則（はんそく）
⑬測量（そくりょう）
⑭配属（はいぞく）
⑮予測（よそく）
⑯損失（そんしつ）
⑰増進（ぞうしん）
⑱貸本（かしほん）
⑲事態（じたい）
⑳団結（だんけつ）

⑥損　⑯損失

上の「口」は、下の「貝」より少し細く書く。「損失」は「損する」と「失う」で、似た意味の漢字を組み合わせた熟語。

⑧貸（す）　⑱貸本

〇の部分に、はらいをつけない。「貸す」は、「返してもらう約束で相手に物やお金を使わせること」で、対義語《たいぎご》は「借りる」。

⑨態度　⑲事態

〇の部分は、上も下もはねる。「能」の下は「心」を書く。「灬」とまちがえない。「態」は、「様子・ありさま」という意味。

⑩団体　⑳団結

〇の部分ははねる。三画目と四画目は、少し右寄《みぎよ》りの位置で交わる。「団」は「あつまり」という意味を表す。

漢字学習 [15]

問題 ▼本冊84ページ

第3タームの5

解答

①無断（むだん）
②建築（けんちく）
③貯金（ちょきん）
④出張（しゅっちょう）
⑤停電（ていでん）
⑥提出（ていしゅつ）
⑦日程（にってい）
⑧適切（てきせつ）
⑨伝統（でんとう）
⑩断る（ことわ〔る〕）

テ 書き 丸付けのポイント

断
はらう

①無断 ⑪断言
⑩断（る） ⑳決断

○の部分は、はらう。「無断」とは、「相手に断らないこと」や「許可《きょか》を得《え》ないこと」という意味。

築
わすれずに

②建築 ⑫築（く）

○の部分の点をわすれずに書くこと。「築く」とは、「土や石などを積み上げてつくる」という意味。

貯
はねる

③貯金 ⑬貯水

○の部分は、はねる。「貯金」や「貯水」など、「貯」は「ためる・たくわえる」という意味で使われる。

張
わすれずに

④出張 ⑭張（る）

○の部分のはらいをわすれない。「張る」は、「のばし広げる」という意味。「はりつける」という意味の「貼る」と区別する。

停
わすれずに

⑤停電 ⑮停車

「口」の下にすぐ「丁」を書いてしまわないこと。「停電」や「停車」など、「停」は「止まる・やめる」という意味を表す。

⑪ 断言（だんげん）
⑫ 築く（きず〈く〉）
⑬ 貯水（ちょすい）
⑭ 張る（は〈る〉）
⑮ 停車（ていしゃ）
⑯ 提案（ていあん）
⑰ 程度（ていど）
⑱ 適度（てきど）
⑲ 統計（とうけい）
⑳ 決断（けつだん）

提（わすれずに）

⑥ 提出　⑯ 提案

上の部分には、「口」ではなく「日」を書く。○の部分の横画をわすれないこと。「提」は、「差し出す」という意味を表す。

程（口を書く）

⑦ 日程　⑰ 程度

○の部分には「日」ではなく「口」を書く。「程遠《ほど》い・程《ほど》よい」のように、「ほど」という読み方もある。

適（はねる）

⑧ 適切　⑱ 適度

○の部分は、はねる。「適切」や「適度」のように、「適」は「ちょうどよい」という意味を表す。

統（はねる）

⑨ 伝統　⑲ 統計

○の部分は上にはねる。七画目の縦画《たてかく》と九・十画目の「ム」とを続けて書いてしまわないように注意。

漢字学習 [16]

問題 ▼本冊92ページ

解答 第4タームの1

① 食堂（しょくどう）
② 銅（どう）
③ 導入（どうにゅう）
④ 得点（とくてん）
⑤ 毒（どく）
⑥ 独自（どくじ）
⑦ 任せる（まか〈せる〉）
⑧ 燃やす（も〈やす〉）
⑨ 能力（のうりょく）
⑩ 破れる（やぶ〈れる〉）

テ 書き 丸付けのポイント

① 食堂 ⑪（正々）堂々

○の部分の点の向きは、「ツ」ではなく、真ん中はまっすぐ縦《たて》に書く。「正々堂々」とは、「態度《たいど》が正しく立派《りっぱ》なさま」のこと。

② 銅 ⑫ 銅像

○の部分の「一」をわすれない。「銅」は、「金」という意味と、「同（ドウ）」という音を合わせた漢字。

③ 導入 ⑬ 導（く）

○の部分の横画を一番長く書く。「導く」の送り仮名《がな》に注意。「導く」とは、「正しい方向に手引きをする」こと。

④ 得点 ⑭ 得（る）

「にんべん」ではなく「ぎょうにんべん」。○の部分の横画をわすれない。「得《え》る」を「得《う》る」と読むこともある。

⑤ 毒 ⑮ 中毒

○の部分を「母」にしないこと。横画の本数や、つき出す部分に注意して書くこと。八画目の横画を一番長く書く。

⑪ 正々堂々（どうどう）

⑫ 銅像（どうぞう）

⑬ 導く（みちび〈く〉）

⑭ 得る（え〈る〉）

⑮ 中毒（ちゅうどく）

⑯ 独り（ひと〈り〉）

⑰ 無責任（むせきにん）

⑱ 燃焼（ねんしょう）

⑲ 能率（のうりつ）

⑳ 大破（たいは）

独
交わり方のちがい

⑥ 独自 ⑯ 独（り）

一画目は、二画目より右につき出すが、三画目はつき出さないことに注意。「独」は、「ひとり・自分だけ」という意味を表す。

任
一番長く

⑦ 任（せる） ⑰ 無責任

〇の部分の横画を一番長く書き、下の横画は少し短く書く。三画目は左下にはらう。

点は2つ
燃

⑧ 燃（やす） ⑱ 燃焼

〇の部分、点は二つ書くことに注意。点の数が多いので、書きわすれや、書く向きに注意すること。

能
上も下もはねる

⑨ 能力 ⑲ 能率

〇の部分、上も下も、上に向かってはねる。「能率」とは、「一定時間内にできる仕事のはかどり方」のこと。

はねる
破

⑩ 破（れる） ⑳ 大破

〇の部分は、はねる。「破れる」は、「もとの形がこわれる」という意味で、「負ける」という意味の「敗れる」と区別する。

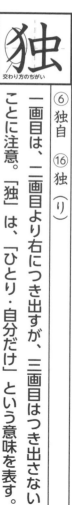

漢字学習 〔17〕 問題 ▼本冊96ページ

第４タームの２

解答

① 犯人（はんにん）
② 判（はん）
③ 出版（しゅっぱん）
④ 比べる（くら〈べる〉）
⑤ 肥料（ひりょう）
⑥ 非常（ひじょう）
⑦ 費用（ひよう）
⑧ 備える（そな〈える〉）
⑨ 評価（ひょうか）
⑩ 貧しい（まず〈しい〉）

テ 書き 丸付けのポイント

はねる向き

① 犯人 ⑪ 防犯

○の部分のはねる向きに注意。上は、左上に向かって、下は上に向かってはねる。下のはねが、上より右に出るように書く。

つき出す

② 判 ⑫ 判定

○の部分は上につき出す。「判定」とは、「ものごとを判断《はんだん》して、決定すること」という意味。

わすれずに

③ 出版 ⑬ 版画

○の部分の縦画《たてかく》をわすれず書くこと。「出版」や「版画」など、「版」は「印刷する」という意味を表す。

左右のちがい

④ 比（べる） ⑭ 比例

左右の形のちがいに注意。左は右ななめ上に、右は上にはねる。一画目と三画目の横画を書く向きもちがうので注意。

わすれずに

⑤ 肥料 ⑮ 肥（える）

○の部分の縦画をわすれない。右側を「色」としないこと。「肥える」とは、「ふっくらとする・豊《ゆた》かになる」という意味。

⑪ 防犯（ぼうはん）
⑫ 判定（はんてい）
⑬ 版画（はんが）
⑭ 比例（ひれい）
⑮ 肥える（こ〈える〉）
⑯ 非行（ひこう）
⑰ 消費（しょうひ）
⑱ 整備（せいび）
⑲ 好評（こうひょう）
⑳ 貧富（ひんぷ）

非
はらう

⑥ 非常　⑯ 非行

○の部分ははらう。横画は、左右ともに三本ずつ書くこと。「非」は、「非常《ひじょう》」「非行」のように、上について意味を打ち消す。

費
はらう

⑦ 費用　⑰ 消費

一画目より三画目の方が左右に広くなるように書く。四画目ははらうが、五画目はとめることに注意。

備
わすれずに

⑧ 備（える）　⑱ 整備

○の部分のはらいをわすれない。また、九画目ははねることと、十二画目の縦画を下につき出すことに気をつけて書くこと。

評
つき出ない

⑨ 評価　⑲ 好評

○の部分は、上につき出さないこと。「評」は、「値《ね》打《う》ちを決める」という意味で使われる漢字。

貧
くっつけない

⑩ 貧（しい）　⑳ 貧富

○の部分は、くっつけて書かないこと。「貧富」は「貧しい」と「富《と》む」で、反対の意味の漢字を組み合わせた熟語《じゅくご》。

漢字学習

【18】 問題 ▼本冊100ページ

第4タームの3

解答

① 布（ぬの）
② 新婦（しんぷ）
③ 武士（ぶし）
④ 復習（ふくしゅう）
⑤ 複数（ふくすう）
⑥ 仏（ほとけ）
⑦ 粉雪（こなゆき）
⑧ 編集（へんしゅう）
⑨ 弁当（べんとう）
⑩ 保健（ほけん）

テ 書き　丸付けのポイント

① 布　⑪ 配布

○の部分は、上につき出して書く。「布」は、「ぬの」という意味以外に、「配布」などのように「広める」という意味もある。

② 新婦　⑫ 産婦人

上は、「日」ではなく「ヨ」を書く。「婦人」は、「成人女性のこと」で、「夫人」と書くと「他人の妻《つま》のこと」を意味する。

③ 武士　⑬ 武器

上の「二」をわすれない。下の○部分に、はらいは不要。「戈」のように書かないこと。六画目は、右上に向かってはらう。

④ 復習　⑭ 復帰

○の部分、わすれずに書くこと。同じ読みの「複」との使い分けに注意。「復」は「もとにもどる・くり返す」という意味。

⑤ 複数　⑮ 複雑

「しめすへん」ではなく「ころもへん」。同じ読みの「復」との使い分けに注意。「複」は「重ねる」という意味。

⑪ 配布（はいふ）

⑫ 産婦人（さんふじん）

⑬ 武器（ぶき）

⑭ 復帰（ふっき）

⑮ 複雑（ふくざつ）

⑯ 仏教（ぶっきょう）

⑰ 粉末（ふんまつ）

⑱ 編む（あ〔む〕）

⑲ 弁解（べんかい）

⑳ 保つ（たも〔つ〕）

仏
少し右上へ

⑥ 仏 ⑯ 仏教

〇の部分は、まっすぐ横ではなく、少し右上に向かって書く。「仏」は、「ほとけ」以外に「フランス」を意味することもある。

粉
くっつけない

⑦ 粉雪 ⑰ 粉末

〇の部分は、くっつけずに、少し空けて書く。「粉」は、「細かいつぶ」という意味を表す漢字。

編
縦が２本

⑧ 編集 ⑱ 編（む）

〇の部分の縦画《たてかく》と横画の本数に注意。縦画を二本書く。まちがえて「用」のように書いてしまわないこと。

弁
はらう

⑨ 弁当 ⑲ 弁解

〇の部分ははらう。三画目の横画を長く書くこと。「弁解」とは、「言い訳《わけ》をすること」という意味。

保
日ではなく口

⑩ 保健 ⑳ 保（つ）

〇の部分は、「日」ではなく「口」を書く。「保」は、「持ち続ける・引き受ける」という意味を表す。

漢字学習 19

問題 ▼本冊104ページ

第4タームの4

解答

①墓（はか）
②報告（ほうこく）
③豊か（ゆた〈か〉）
④消防（しょうぼう）
⑤貿易（ぼうえき）
⑥暴れる（あば〈れる〉）
⑦脈（みゃく）
⑧務める（つと〈める〉）
⑨夢（ゆめ）
⑩暴力（ぼうりょく）

テ 書き 丸付けのポイント

つき出る

①墓 ⑪墓地
九・十画目のはらいは、八画目の横画から上につき出して書くことに注意。八画目の横画を一番長く書く。

折れてはねる

②報告 ⑫情報
○の部分のはね方に注意。折れてからはねるので、「皮」の上の部分とは形がちがうことに注目する。

縦が２本

③豊（か） ⑬豊作
「豆」の上に「曲」を書く。縦画《たてかく》を二本書き、二本とも上につき出して書くことに注意する。

はねる

④消防 ⑭防（ぐ）
○の部分は、はねる。「万」ではなく「方」を書くので、上の縦画をわすれない。「阝」の書き順にも注意。

つき出ない

⑤貿易 ⑮貿易
「貿易」とは、「国際間《こくさいかん》の商品の取り引き」のこと。お金のやりとりに関する漢字には「貝」がつくことが多い。

⑪ 墓地（ぼち）
⑫ 情報（じょうほう）
⑬ 豊作（ほうさく）
⑭ 防ぐ（ふせ〔ぐ〕）
⑮ 貿易（ぼうえき）
⑯ 暴動（ぼうどう）
⑰ 山脈（さんみゃく）
⑱ 事務（じむ）
⑲ 夢中（むちゅう）
⑳ 暴風（ぼうふう）

暴
水ではない

⑥ 暴（れる） ⑯ 暴動
⑩ 暴力 ⑳ 暴風

○の部分は、「水」ではない。それぞれの点を書く向きに注意。八画目の横画を一番長く書く。

脈
接する場所

⑦ 脈 ⑰ 山脈

九画目と十画目の接《せっ》する位置に注意。「脈がある」は「脈拍《みゃくはく》があって、生きている」と、「望みがある」の二つの意味がある。

務
わすれずに
つき出す

⑧ 務（める） ⑱ 事務

左側は「予」ではない。○の部分のはらいをわすれない。「務める」は「役割《やくわり》を引き受ける」という意味。

夢
縦が２本

⑨ 夢 ⑲ 夢中

○の部分の縦画は二本。上の「くさかんむり」の部分の縦画と続けて書いてしまわないように注意。

漢字学習【20】

問題 ▼本冊108ページ

解答 第4タームの5

① 迷う（まよ〈う〉）
② 綿花（めんか）
③ 輸入（ゆにゅう）
④ 余る（あま〈る〉）
⑤ 容器（ようき）
⑥ 倍率（ばいりつ）
⑦ 略（りゃく）
⑧ 留める（と〈める〉）
⑨ 領土（りょうど）
⑩ 歴代（れきだい）

テ 書き 丸付けのポイント

① 迷（う） ⑪ 迷路

〇の部分は、はらわずとめる。「迷」に「子」をつけると「迷子（まいご）」という特別な読み方をすることに注意。

② 綿花 ⑫ 綿毛

〇の部分の点をわすれずに。「日」ではなく「白」を書く。「白」よりも下の「巾」を少し横に広く書くとよい。

③ 輸入 ⑬ 輸送

〇の部分の「一」をわすれずに書くこと。「輸入」とは、「外国の商品を自国に取り入れること」。

④ 余（る） ⑭ 余計

横画は二本。〇の部分の「二」を二本わすれずに書くこと。「余計」とは、「必要な度をこえて、むだなこと」。

⑤ 容器 ⑮ 美容

〇の部分は「合」ではない。「一」は不要なので注意。「美容」とは、「顔やからだを美しく整えること」。

⑪ 迷路（めいろ）
⑫ 綿毛（わたげ）
⑬ 輸送（ゆそう）
⑭ 余計（よけい）
⑮ 美容（びよう）
⑯ 率（ひき〔いる〕）
⑰ 略図（りゃくず）
⑱ 留学（りゅうがく）
⑲ 本領（ほんりょう）
⑳ 歴然（れきぜん）

⑥ 倍率 ⑯ 率（いる）

○の部分の点の向きに注意。左右ではらう向きがちがう。「率いる」とは、「多くの人をひきつれて行く」という意味。

⑦ 略 ⑰ 略図

左側には「口」ではなく「田」を書く。「略する」とは、「全体のうち一部分を省く」こと。

⑧ 留（める） ⑱ 留学

○の部分は、つき出さない。下には「田」を書くと覚えておく。「保留」とは、「そのまま保《たも》ちとどめておくこと」。

⑨ 領土 ⑲ 本領

○の部分の点をわすれずに書くこと。「本領」とは、「本来の性《せい》質《しつ》や得意《とくい》とするところ」のこと。

⑩ 歴代 ⑳ 歴然

下には「正」ではなく「止」を書く。不要な横画を書いてしまわないように注意。「歴然」とは、「明らかなさま」のこと。

第１タームのテスト

問題 ▼本冊40～41ページ

1 読み 解答

①よろこ（ぶ） ②かこ ③みき ④あつりょく ⑤さかいめ ⑥かいほう ⑦と（く） ⑧けっぱく ⑨えいせい ⑩きせい ⑪きんとう ⑫かてい ⑬きゅうぎ ⑭な（れる） ⑮いどう ⑯がんぜん ⑰えいぞく ⑱たいが ⑲ようけん ⑳えんぜつ ㉑しんかん ㉒しゅぎ ㉓いとな（む） ㉔けいけん ㉕しょうどくえき ㉖ごうかく ㉗きげん ㉘あんい ㉙きせい ㉚さくらいろ ㉛すく（う） ㉜おうとう ㉝ぶっか ㉞ひさ（しぶり） ㉟こうがく ㊱かたがみ ㊲ゆうえき ㊳どうきょ ㊴ごく ㊵かけつ ㊶ききん ㊷かくじつ ㊸きんし ㊹しゅうい ㊺さか ㊻ゆる（す） ㊼おうふく ㊽きゅうせい ㊾しょういん ㊿きょうかい

2 書き 解答

①紀行 ②原因 ③確（かめる） ④応対 ⑤解放 ⑥金額 ⑦寄付 ⑧衛星 ⑨許可 ⑩夜桜 ⑪苦境 ⑫演（じる） ⑬禁（じる） ⑭過（ぎた） ⑮見境 ⑯圧勝 ⑰移（す） ⑱刊行 ⑲平均 ⑳永遠 ㉑句点 ㉒易（しい） ㉓河川 ㉔技術 ㉕規則 ㉖運営 ㉗悲喜 ㉘可能 ㉙眼科 ㉚利益 ㉛格式 ㉜往年 ㉝仮 ㉞救急 ㉟旧式 ㊱囲（い） ㊲正義 ㊳習慣 ㊴価格 ㊵居間 ㊶快適 ㊷典型 ㊸液体 ㊹持久 ㊺要件 ㊻基本 ㊼経営 ㊽幹線 ㊾逆転 ㊿清潔

第２タームのテスト

問題 ▼本冊64～65ページ

1 読み 解答

①さんどう ②こうち ③こんにゅう ④こしつ ⑤じっさい ⑥ふたた（び） ⑦ひっさつ ⑧ほけん ⑨こころざ（す） ⑩どうし ⑪こうず ⑫あ（り） ⑬こくはく ⑭してん ⑮ぞうきばやし ⑯あつぎ ⑰こうぎょう ⑱けんてい ⑲ごがん ⑳さいし ㉑こうこう ㉒しゃざい ㉓ぼうさい ㉔さんせい ㉕げんしょう ㉖しじつ ㉗こうぎ ㉘しゅうり ㉙さいしゅう ㉚こい ㉛けんさ ㉜ざいさん ㉝あらわ（す） ㉞こうぶつ ㉟しがん ㊱きじゅつ ㊲しきべつ ㊳しじ ㊴じゅぎょう ㊵しきん ㊶しっそ ㊷かぎ（る） ㊸しめ（す） ㊹しいく ㊺きしゅくしゃ ㊻こうか ㊼おさ（まる） ㊽にがおえ ㊾しゃれい ㊿えだまめ

2 書き 解答

①再会 ②調査 ③支（える） ④現実 ⑤資本 ⑥災害 ⑦雑談 ⑧質問 ⑨個人 ⑩授賞 ⑪実在 ⑫耕（す） ⑬士気 ⑭興味 ⑮飼（って） ⑯険（しい） ⑰国際 ⑱混（ぜる） ⑲意識 ⑳減（る） ㉑感謝 ㉒保護 ㉓妻 ㉔志望 ㉕航空 ㉖述（べる） ㉗講習 ㉘校舎 ㉙点検 ㉚殺（す） ㉛構（える） ㉜枝 ㉝限度 ㉞修学 ㉟鉱山 ㊱史上 ㊲告（げる） ㊳酸化 ㊴医師 ㊵事故 ㊶指示 ㊷財 ㊸賛成 ㊹似（ている） ㊺効（く） ㊻意志 ㊼採（る） ㊽修（める） ㊾罪 ㊿厚（い）

第3タームのテスト

問題 ▼本冊88~89ページ

1 読み 解答

①ていしゃ ②はくじょう ③ぞうげん ④せ(める) ⑤もくぞう ⑥だんげん ⑦じゅん(ずる) ⑧ぜったい ⑨にってい ⑩とくせい ⑪はいぞく ⑫はんそく ⑬いんしょう ⑭そくりょう ⑮じたい ⑯せいけん ⑰しょうげん ⑱じっせき ⑲てきど ⑳いきお(い) ㉑もう(ける) ㉒きず(く) ㉓じょぶん ㉔しょくぎょう ㉕けつだん ㉖せいかく ㉗そふぼ ㉘は(る) ㉙じょうぶん ㉚そうりょく ㉛ひき(いる) ㉜じょうねつ ㉝しょうきん ㉞ぞう ㉟ま(す) ㊱おりもの ㊲ちょすい ㊳ぜいむ ㊴かしほん ㊵わじゅつ ㊶そしつ ㊷だんたい ㊸にちじょう ㊹とうけい ㊺せいこん ㊻せっきん ㊼そんしつ ㊽しょうたい ㊾ていあん ㊿せいど

2 書き 解答

①先祖 ②情(け) ③倍率 ④招(く) ⑤無断 ⑥貸(す) ⑦賞品 ⑧増加 ⑨属(する) ⑩常 ⑪個性 ⑫接続 ⑬貯金 ⑭総合 ⑮年賀状 ⑯程度 ⑰準備 ⑱校則 ⑲制限 ⑳建築 ㉑順序 ㉒提出 ㉓組織 ㉔適切 ㉕政治 ㉖損 ㉗芸術 ㉘出張 ㉙製品 ㉚責任 ㉛態度 ㉜証人 ㉝成績 ㉞団結 ㉟勢力 ㊱設備 ㊲伝統 ㊳象 ㊴造(る) ㊵断(る) ㊶税金 ㊷素行 ㊸測(る) ㊹条件 ㊺想像 ㊻停電 ㊼精算 ㊽絶(える) ㊾増進 ㊿辞職

第4タームのテスト

問題 ▼本冊112~113ページ

1 読み 解答

①へんしゅう ②つと(める) ③しんぷ ④めんか ⑤せいせいどうどう ⑥ふくざつ ⑦ほんりょう ⑧のうりつ ⑨ぼち ⑩ひんぷ ⑪めいろ ⑫ひと(り) ⑬びよう ⑭しゅっぱん ⑮ひよう ⑯ふっき ⑰たも(つ) ⑱まか(せる) ⑲くら(べる) ⑳りゃくず ㉑ちゅうどく ㉒るす ㉓そな(える) ㉔れきぜん ㉕ぼうはん ㉖じょうほう ㉗どうぞう ㉘ぼうえき ㉙ひこう ㉚みゃく ㉛たいは ㉜むちゅう ㉝ほとけ ㉞みちび(く) ㉟しょうぼう ㊱こうひょう ㊲ぼうどう ㊳はんてい ㊴あま(る) ㊵こ(える) ㊶ぼうふう ㊷ぶき ㊸ふんまつ ㊹と(める) ㊺とくてん ㊻ぬの ㊼ゆそう ㊽ねんしょう ㊾べんかい ㊿ほうさく

2 書き 解答

①配布 ②能力 ③弁当 ④貧(しい) ⑤留学 ⑥食堂 ⑦墓 ⑧破(れる) ⑨事務 ⑩消費 ⑪暴力 ⑫独自 ⑬綿毛 ⑭産婦人 ⑮貿易 ⑯判 ⑰比例 ⑱犯人 ⑲余計 ⑳毒 ㉑防(ぐ) ㉒評価 ㉓保健 ㉔無責任 ㉕複数 ㉖迷(う) ㉗版画 ㉘武士 ㉙報告 ㉚銅 ㉛非常 ㉜歴代 ㉝豊(か) ㉞導入 ㉟容器 ㊱復習 ㊲暴(れる) ㊳燃(やす) ㊴領土 ㊵仏教 ㊶輸入 ㊷肥料 ㊸保留 ㊹整備 ㊺編(む) ㊻山脈 ㊼得(る) ㊽略 ㊾粉雪 ㊿夢

ウルトラテスト1

問題 ▼本冊118～119ページ

1 読み 解答

①ぞうか ②きんがく ③せいび ④しほん ⑤きょか ⑥よざくら ⑦た（える） ⑧どう ⑨くきょう ⑩せいひん ⑪さんか ⑫す（ぎた） ⑬はんにん ⑭うつ（す） ⑮じゅんじょ ⑯えいえん ⑰せいじ ⑱しょくどう ⑲ぎじゅつ ⑳の（べる） ㉑ひじょう ㉒きふ ㉓ようき ㉔かのう ㉕こうざん ㉖かくしき ㉗なさ（け） ㉘かせん ㉙ひりょう ㉚じゅしょう ㉛きゅうきゅう ㉜じむ ㉝せいぎ ㉞あ（む） ㉟かかく ㊱しつもん ㊲りゃく ㊳てんけい ㊴げんじつ ㊵れきだい ㊶じきゅう ㊷しぼう ㊸ていでん ㊹きほん ㊺ほけん ㊻ぎゃくてん ㊼どくじ ㊽ぞうしん ㊾ちょうさ ㊿ひき

2 書き 解答

①飼育 ②能率 ③団体 ④安易 ⑤謝礼 ⑥停車 ⑦貧富 ⑧増減 ⑨鉱物 ⑩準（ずる） ⑪出版 ⑫特製 ⑬耕地 ⑭喜（ぶ） ⑮配属 ⑯合格 ⑰印象 ⑱護岸 ⑲税務 ⑳務（める） ㉑妻子 ㉒木造 ㉓禁止 ㉔費用 ㉕貸本 ㉖周囲 ㉗適度 ㉘似顔絵 ㉙旧制 ㉚布 ㉛限（る） ㉜反則 ㉝物価 ㉞賛同 ㉟独（り） ㊱性格 ㊲実際 ㊳日常 ㊴必殺 ㊵潔白 ㊶美容 ㊷志（す） ㊸営（む） ㊹同士 ㊺断言 ㊻在（り） ㊼眼前 ㊽複雑 ㊾測量 ㊿寄宿舎

ウルトラテスト2

問題 ▼本冊120～121ページ

1 読み 解答

①ま（ぜる） ②きゅうしき ③そうごう ④さいがい ⑤まよ（う） ⑥じつざい ⑦きこう ⑧ちょきん ⑨しき ⑩ふくすう ⑪りえき ⑫こくさい ⑬せつぞく ⑭わたげ ⑮あっしょう ⑯せいりょく ⑰いしき ⑱つく（る） ⑲はん ⑳ほご ㉑ようけん ㉒こうくう ㉓かり ㉔じゅんび ㉕こうしゃ ㉖ゆめ ㉗えきたい ㉘そしき ㉙えだ ㉚まず（しい） ㉛たし（かめる） ㉜げんど ㉝えいせい ㉞けんちく ㉟き（く） ㊱りょうど ㊲きそく ㊳つ（げる） ㊴きん（じる） ㊵たいど ㊶いし ㊷つね ㊸ざい ㊹だんけつ ㊺と（る） ㊻げんいん ㊼ていど ㊽おさ（める） ㊾はいふ ㊿けいえい

2 書き 解答

①招待 ②迷路 ③素質 ④墓地 ⑤銅像 ⑥紀元 ⑦有益 ⑧識別 ⑨統計 ⑩正々堂々 ⑪志願 ⑫粉末 ⑬提案 ⑭授業 ⑮留（める） ⑯本領 ⑰日程 ⑱再（び） ⑲経験 ⑳略図 ㉑実績 ㉒保険 ㉓勢（い） ㉔効果 ㉕設（ける） ㉖慣（れる） ㉗任（せる） ㉘賞金 ㉙貿易 ㉚移動 ㉛白状 ㉜往復 ㉝現（す） ㉞規制 ㉟判定 ㊱証言 ㊲記述 ㊳築（く） ㊴許（す） ㊵断（り） ㊶仮定 ㊷応答 ㊸事態 ㊹燃焼 ㊺序文 ㊻同居 ㊼個室 ㊽職業 ㊾輸送 ㊿構図

ウルトラテスト3

問題 ▼本冊122～123ページ

1 読み 解答

①せんぞ ②しゅうがく ③あば（れる） ④くてん ⑤ばいりつ ⑥ざつだん ⑦も（やす） ⑧むだん ⑨がんか ⑩ひれい ⑪しょうひん ⑫かんしゃ ⑬ぞく（する） ⑭ぼうりょく ⑮いし ⑯じょうけん ⑰てんけん ⑱むせきにん ⑲こせい ⑳おうたい ㉑かこ（い） ㉒ねんがじょう ㉓しじ ㉔ぶし ㉕こうそく ㉖に（ている） ㉗せいげん ㉘よけい ㉙かんせん ㉚つみ ㉛どうにゅう ㉜ていしゅつ ㉝せいけつ ㉞てきせつ ㉟かま（える） ㊱そん ㊲げいじゅつ ㊳じこ ㊴ぼうえき ㊵せきにん ㊶ささ（える） ㊷しょうにん ㊸はか ㊹せつび ㊺さんせい ㊻けわ（しい） ㊼ぞう ㊽こうしゅう ㊾けつだん ㊿ゆにゅう

2 書き 解答

①均等 ②総力 ③編集 ④率（いる） ⑤質素 ⑥防犯 ⑦話術 ⑧像 ⑨消毒液 ⑩弁解 ⑪祖父母 ⑫救（う） ⑬師事 ⑭中毒 ⑮貯水 ⑯新婦 ⑰高額 ⑱復帰 ⑲織物 ⑳告白 ㉑桜色 ㉒綿花 ㉓確実 ㉔支点 ㉕情熱 ㉖雑木林 ㉗幹 ㉘増（す） ㉙枝豆 ㉚張（る） ㉛厚着 ㉜歴然 ㉝豊作 ㉞興行 ㉟絶対 ㊱消防 ㊲勝因 ㊳得点 ㊴球技 ㊵資金 ㊶保（つ） ㊷示（す） ㊸境界 ㊹留守 ㊺新刊 ㊻仏 ㊼酸性 ㊽非行 ㊾型紙 ㊿語句

ウルトラテスト4

問題 ▼本冊124～125ページ

1 読み 解答

①ぜいきん ②こじん ③はか（る） ④こなゆき ⑤そうぞう ⑥たがや（す） ⑦せいさん ⑧どく ⑨おうねん ⑩じしょく ⑪のうりょく ⑫か（って） ⑬べんとう ⑭でんとう ⑮ほりゅう ⑯まね（く） ⑰りゅうがく ⑱せいせき ⑲あつ（い） ⑳へいきん ㉑やぶ（れる） ㉒さいかい ㉓しょうひ ㉔しゅっちょう ㉕みさかい ㉖さんふじん ㉗へ（る） ㉘ふせ（ぐ） ㉙かいほう ㉚ひょうか ㉛しじょう ㉜そこう ㉝かいてき ㉞はんが ㉟きょうみ ㊱えん（じる） ㊲ほうこく ㊳つま ㊴ゆた（か） ㊵かんこう ㊶ふくしゅう ㊷うんえい ㊸いま ㊹ぶっきょう ㊺か（す） ㊻やさ（しい） ㊼さんみゃく ㊽ころ（す） ㊾え（る） ㊿しゅうかん

2 書き 解答

①政見 ②武器 ③可決 ④大破 ⑤検定 ⑥逆 ⑦導（く） ⑧境目 ⑨検査 ⑩採集 ⑪損失 ⑫情報 ⑬謝罪 ⑭混入 ⑮減少 ⑯永続 ⑰久（しぶり） ⑱講義 ⑲好評 ⑳衛生 ㉑防災 ㉒肥（える） ㉓過去 ㉔比（べる） ㉕圧力 ㉖余（る） ㉗史実 ㉘解（く） ㉙暴風 ㉚接近 ㉛修理 ㉜基金 ㉝制度 ㉞快方 ㉟夢中 ㊱大河 ㊲脈 ㊳故意 ㊴用件 ㊵備（える） ㊶航行 ㊷条文 ㊸演説 ㊹修（まる） ㊺主義 ㊻精根 ㊼寄生 ㊽暴動 ㊾責（める） ㊿財産